DR. PANAYOTIS KANELLAKIS

DIE VERSICHERUNG DES SCHIFFSNEUBAUS

ÜBERSEE-STUDIEN

ZUM HANDELS-, SCHIFFAHRTS- UND VERSICHERUNGSRECHT

Herausgegeben von

Prof. Dr. HANS MÖLLER

und

Prof. Dr. HANS WÜRDINGER

in Hamburg

HEFT 35

Die Versicherung des Schiffsneubaus

Eine rechtsdogmatische Studie

Von

DR. PANAYOTIS KANELLAKIS

Rechtsanwalt in Athen

Berlin 1969

WALTER DE GRUYTER & CO.

vorm. G. J. Göschen'sche Verlagshandlung / J. Guttentag, Verlagsbuchhandlung / Georg Reimer / Karl J. Trübner / Veit & Comp.

Archiv-Nr. 2733 691

Satz und Druck: Max Schönherr, 1 Berlin 65

GLIEDERUNG

VERZEICHNIS DER ABKÜRZUNGEN

ADS	Allgemeine Deutsche Seeversicherungsbedingungen (1919)
AHB	Allgemeine Versicherungsbedingungen für Haftpflichtversicherung
Betr.Ber.	Der Betriebsberater
BGB	Bürgerliches Gesetzbuch
BGBl.	Bundesgesetzblatt
BGH	Bundesgerichtshof
BGHZ	Entscheidungen des Bundesgerichtshofs in Zivilsachen
FBUB	Allgemeine Feuer-Betriebsunterbrechungsversicherungs-Bedingungen
HansRZ	Hanseatische Rechts-Zeitschrift
HGB	Handelsgesetzbuch
HGZ	Hanseatische Gerichtszeitung. 1879 ff.
JherJb.	Jherings Jahrbücher für die Dogmatik des bürgerlichen Rechts
JRPV	Juristische Rundschau für Privatversicherung
ITV	Mitteilungen des Internationalen Transport-Versicherungs-Verbandes
KBR	Klausel für Bau-Risiken (Endwert)
LG	Landgericht
LZ	Leipziger Zeitschrift für Deutsches Recht
MIA	Marine Insurance Act, 1906
OLG	Oberlandesgericht
RG	Reichsgericht und Amtliche Sammlung der Entscheidungen des Reichsgerichts in Zivilsachen
RVO	Reichsversicherungsordnung, 1926
SchRG	Gesetz über Rechte an eingetragenen Schiffen und Schiffsbauwerken vom 15. XI. 1940, BGBl. I S. 1499
SchRO	Schiffsregisterordnung, in der Fassung der Bekanntmachung des Wortlauts der Schiffsregisterordnung vom 26. V. 1951, BGBl. I S. 359
SeestrO	Seestraßenordnung vom 5. II. 1906, Reichs-Gesetzblatt S. 120
VAG	Versicherungsaufsichtsgesetz
VersR	Versicherungsrecht, Juristische Rundschau für die Individualversicherung
VVG	Gesetz über den Versicherungsvertrag
ZVersWiss.	Zeitschrift für die gesamte Versicherungswissenschaft

SCHRIFTTUMSVERZEICHNIS

Anastasiadis: Ἐγχειρίδιον τοῦ ἐμπορικοῦ Δικαίου
Handbuch des Handelsrechts, 2. Bd.,
Seerecht und Konkurs, Athen 1927.

Argyriadis: Die Frachtversicherung, Hamburger Dissertation 1961.

Arnould-Chorley: The Law of Marine Insurance and Average, 14th Edition, Volume 2, London 1954.

Bischoff: VersR 1963 S. 8—15.
Versicherung eigenen Sachwertinteresses an fremder Sache.

Bischoff: ZVersWiss. 1963 S. 193—206.
Fälle und Grenzfälle eines eigenen Sachwertinteresses an fremder Sache.

Blanck: Feuer - Betriebsunterbrechungsversicherung; in: Versicherungswirtschaftliches Studienwerk, Heft 3, Zusatzheft IV, Studienplan F IV 1, 2, o. J.

Breit: Das Versicherungsgeschäft, Tübingen 1908.

Brunetti: Diritto Marittimo Privato Italiano, Volume Primo, Torino, 1929.

Bruck: PVR: Das Privatversicherungsrecht, Mannheim — Berlin — Leipzig 1930.

Bruck: Zum Begriff des Interesses: Zum Begriff des Interesses im Versicherungsrecht, Berlin — Leipzig 1929.

Bruck-Möller: Kommentar zum Versicherungsvertragsgesetz und zu den allgemeinen Versicherungsbedingungen unter Einschluß des Versicherungsvermittlerrechts, 8. Aufl., 2 Bände, Berlin 1953, 1966.

Cosack: Lehrbuch des deutschen bürgerlichen Rechts, 1. Bd., Die allgemeinen Lehren und das Recht der Forderungen, 2. Aufl., Jena 1899.

de Courcy: Questions de Droit Maritime, Paris 1877.

Cresp: Cours de Droit maritime, Tome I, Paris 1876.

Danjon: Traité de Droit Maritime, 2me édition, Tome quatrième, Paris 1928.

Dernburg: Die Schuldverhältnisse, Einzelne Obligationen, 3. Aufl., Halle 1906.

Desjardins: Traité de droit commercial maritime, Tome sixieme, Paris 1887.

Dochnahl: JherJb. 48, S. 241—314: Die Gefahrtragung beim Werkvertrage nach römischem Rechte und dem Bürgerlichen Gesetzbuche.

Domizlaff: Assekuranz-Jahrbuch Wien 1911, S. 101—139: Bemerkungen zu der Feuerversicherung des mittelbaren Schadens.

Domizlaff: ZVersWiss. 1912, S. 275—287: Die Haftung des Feuerversicherers für Schäden im Gewerbebetrieb, insbesondere die Betriebsunterbrechung.

Donati: Trattato del diritto delle assicurazioni private, Volume terzo, Milano 1956.

Dover: A Handbook to Marine Insurance, sixth edition, London 1962.

Dufour: Droit Maritime, Paris 1859.

Ehrenberg: Das Interesse im Versicherungsrecht, München — Leipzig 1915.

Ehrenzweig: Deutsches (österreichisches) Versicherungsvertragsrecht, Wien 1952.

Emerich: Kauf und Werklieferungsvertrag, Jena 1899.

Émerigon: Traité des Assurances et des contrats a la grosse, Marseille 1783.

Enneccerus: Lehrbuch des bürgerlichen Rechts, Recht der Schuldverhältnisse, 23te bis 27te Aufl., Marburg 1927.

Enneccerus-Lehmann: Recht der Schuldverhältnisse, Vierzehnte Bearbeitung, Tübingen 1954.

EPMAK: 'Ερμηνεία τοῦ ἀστικοῦ κώδικος
Kommentar zum griechischen Zivilgesetzbuch, 2. Bd., Schuldrecht, Allgemeiner Teil, Athen 1949.

Erman: Handkommentar zum bürgerlichen Gesetzbuch, 2. Aufl., Münster 1958.

Esser: Schuldrecht, Allgemeiner und Besonderer Teil, 2. Aufl. Karlsruhe 1960.

Finke: Handwörterbuch des Versicherungswesens, 1. Bd., Darmstadt 1958.

Flume: Allgemeiner Teil des bürgerlichen Rechts, 2. Bd., Das Rechtsgeschäft, Berlin — Heidelberg — New York 1965.

von Gierke, J.: Der Begriff der Transportversicherung im deutschen Recht, Festgabe für Karl Güterbock, Berlin 1910.

Goldschmidt: Über die Verantwortlichkeit des Schuldners für seine Gehilfen ,in: Zeitschrift für das gesamte Handelsrecht, Sechzehnter Band, S. 287—382.

Groh: BetrBer. 1963, S. 1321—1324: Anzahlungskredit und Sicherung des Anzahlungsgläubigers.

Hax: Grundlagen der Betriebsunterbrechungsversicherung, 2. Aufl., Köln — Opladen 1965.

Heck: Grundriß des Schuldrechts, Tübingen 1929.

von Kaltenborn: Grundsätze des praktischen Europäischen Seerechts, zwei Bände, Berlin 1851.

Kisch: Gattungsschuld und Wahlschuld: Gattungsschuld und Wahlschuld. Eine begriffliche Abgrenzung, München — Leipzig 1912.

Kisch: Die Taxierung des Versicherungswertes: Die Taxierung des Versicherungswertes, Berlin 1940:

Kisch: Handbuch des Privatversicherungsrechtes, 2. Bd., Die Lehre von der Versicherungsgefahr, München — Berlin — Leipzig 1920.

Kisch: Unmöglichkeit der Erfüllung: Die Wirkung der nachträglich eintretenden Unmöglichkeit der Erfüllung bei gegenseitigen Verträgen, Jena 1900.

Kress: Lehrbuch des allgemeinen Schuldrechts, München 1929.

Larenz: Lehrbuch des Schuldrechts, 7. Aufl., 2 Bände, Allgemeiner und Besonderer Teil, München — Berlin 1964, 1965.

Lemonnier: Commentaire sur les principales polices d'assurance maritime, Tome premier, Paris 1843.

Loccenius: De Iure Nautico et Maritimo, Halae Magdeburgicae 1740.

Lotmar: Der Arbeitsvertrag, zwei Bände, Leipzig 1908.

Louge: L'Assurance Maritime et les Risques Terrestres, Paris 1921.

Lyon-Caen et Renault: Traité de Droit Commercial, 5. édition, Tome Cinquième, Paris 1931.

Maclachlan: A treatise on the law of Merchant shipping. Sixth Edition, London 1923.

Manes: Versicherungslexikon, 3. Aufl., Berlin 1930.

MIA: Marine Insurance Act, 1906.

Möller: Kreditversicherung: Kreditversicherung, in: Handwörterbuch der Sozialwissenschaften, 6. Bd., S. 344—348. Stuttgart — Tübingen — Göttingen 1959.

Möller: JRPV 1930, S. 43—48: Die Besteuerung von Gewinnversicherungsverträgen, zugleich ein Beitrag zur Lehre vom Gewinninteresse und die Kritik einer Entscheidung des Reichsfinanzhofes.

Möller: Gewinnversicherung, Neuwertversicherung und Taxe: Die Gewinnversicherung, die Neuwertversicherung und die Taxe unter dem Blickwinkel des versicherungsrechtlichen Bereicherungsverbots, Landesreferat Deutschland zum zweiten Weltkongreß für Versicherungsrecht, Hamburg 1966.

Möller: Schuldrecht: Allgemeines Schuldrecht, Hamburg 1947.

Möller: ITV 1939, S. 65—68: Totalität der Gefahren?

Mühlenfeld: ZVersWiss. 1930, S. 199—207: Über das objektive Risiko in der Kreditversicherung.

Nikisch: Bürgerliches Recht, Das Recht der Schuldverhältnisse, I. Allgemeine Lehren (Grundriß), Leipzig 1947.

Oertmann: Bürgerliches Gesetzbuch, Recht der Schuldverhältnisse, 3.—4. Aufl., Berlin 1910.

Oertmann: Der Zufall bei der Werkverdingung: Der Zufall bei der Werkverdingung in: Grünhuts Zeitschrift, 24. Bd., S. 1—70.

Pappenheim: Handbuch des Seerechts, 2. Bd., Leipzig 1906.

Planck: Bürgerliches Gesetzbuch, Recht der Schuldverhältnisse, 3. Aufl., 2. Bd., Berlin 1907.

Planck-Siber: Plancks Kommentar zum Bürgerlichen Gesetzbuch, 4. Aufl., 2. Bd., Recht der Schuldverhältnisse, Zwei Hälften, Allgemeiner und Besonderer Teil, Berlin 1914, 1928.

Pöhls: Darstellung des gemeinen Deutschen und des Hamburgischen Handelsrechts, 3. Bd., Seerecht, Hamburg 1830.

Prölß: Versicherungsvertragsgesetz, 11. Aufl., 14. Bd., München — Berlin 1958.

Richter: Die Versicherung der in einem Betriebe zur Bearbeitung befindlichen fremden Waren gegen Feuergefahr, Hannover 1913.

Riezler: Der Werkvertrag, Jena 1900.

Ripert: Droit Maritime, Quatrième Édition, Tome I—III, Paris 1950, 1952, 1953.

Riska: ZVersWiss. 1964, S. 451—470: Über die Versicherung des zu erwartenden Gewinns.

Ritter-Abraham: Das Recht der Seeversicherung, 2. Auf., 2 Bände, Hamburg 1967.

Ritter: LZ 1907, S. 250—258: Cessio legis im Versicherungsrechte.

Rümelin: Dienstvertrag und Werkvertrag, Tübingen 1905.

Schaps: Das Deutsche Seerecht, 2. Aufl., 1. Bd., Berlin — Leipzig 1921.

Schaps-Abraham: Das Deutsche Seerecht, 3. Aufl., 1. Bd., Berlin 1959.

Schlegelberger: Seeversicherungsrecht, Berlin — Frankfurt 1960.

Schlegelberger-Liesecke: Seehandelsrecht, Berlin — Frankfurt 1959.

Schnedelbach: Das Recht der Kreditversicherung, Leipzig 1929.

Sebba: HansRZ 1918, Sp. 502—510: Was ist ein „Schiff“ im Rechtssinne?

Selmer: ZVersWiss. 1964, S. 471—488: Die Versicherung eines erhofften Gewinnes.

Siber: Grundriß des Deutschen Bürgerlichen Rechts, Schuldrecht, Leipzig 1931.

Sieg: BetrBer. 1964, S. 17—18: Sicherungsmöglichkeiten des Anzahlungsgläubigers durch Versicherung.

Sieveking: Das deutsche Seeversicherungsrecht, Kommentar zum zehnten Abschnitt des vierten Buches des Handelsgesetzbuches, Berlin 1912.

Smeesters-Winkelmolen: Droit Maritime et Droit Fluvial, Deuxième édition, Tome III, Bruxelles 1938.

de Smet: Les Assurances maritimes, Paris 1934.

Soergel-Siebert: Bürgerliches Gesetzbuch, 9. Aufl., 2 Bände, Stuttgart, 1959, 1962.

Spiliopoulos: 'Ελληνικόν Ναυτικόν Δίκαιον
Griechisches Seerecht, Athen 1948.

Staudinger: Kommentar zum BGB, Recht der Schuldverhältnisse, 11. Aufl., 2. Bd., Berlin 1958.

Targa: Ponderationi sopra la contrattatione Maritima, Genova 1962.

Titze: Bürgerliches Recht, Recht der Schuldverhältnisse, 4. Aufl., Berlin — Göttingen — Heidelberg 1948.

Tsangaris: 'Η Θαλασσία 'Ασφάλισις
Die Seeversicherung, Athen 1954.

Tsirintanis: Seeversicherung in Griechenland: Die gesetzliche Regelung der Seeversicherung in Griechenland, Extrait de la revue hellénique de droit international, Athen 1964.

Valin: Commentaire sur l'Ordonnance de la Marine, Du mois d'Aout 1681, Poitiers 1829.

de Valroger: Droit maritime, Commentaire du lirre II du Code de commérce, Tome I, Paris 1883.

Vermond: Manuel de Droit maritime, Cinquième Édition, Paris 1920.
Die Versicherung: Versicherungsvertragsrecht, 3. Bd., Wiesbaden 1965.

Die Versicherung: Versicherungsvertragsrecht, 3. Bd., Wiesbaden 1965.

Voigt: Das deutsche Seeversicherungs-Recht, Jena 1887.

Wahl: Précis Théorique et pratique de Droit Maritime, Paris 1924.

Weyl: Zum Begriff „See" im deutschen Reichsrecht, Berlin 1906.

Wüstendörfer: Seehandelsrecht: Neuzeitliches Seehandelsrecht, Hamburg 1947.

Wüstendörfer: Tatsachen und Normen: Tatsachen und Normen des Seeschiffbaues, Hamburg 1920.

Wussow, W. — Ruppert: Montageversicherung im In- und Ausland, Frankfurt am Main 1959.

Wussow, H.: VersR 1964, S. 570—575: Ist die Bauwesenversicherung eine Sachversicherung?

EINLEITUNG

Der Schiffbauvertrag begründet ein Schuldverhältnis zwischen einem Werftunternehmer und einem Schiffsbesteller. Auf Grund der aus diesem Schuldverhältnis entstammenden rechtlichen Beziehungen der Kontrahenten entstehen für sie entsprechende Interessen. Aufgabe des Schiffbauversicherers ist die Gewährung von Versicherungsschutz für diese Interessen gegen die mit dem Schiffbaubetrieb verbundenen Gefahren.

Die schädlichen Folgen einer Beeinträchtigung des Schiffbauobjektes sind zunächst zwischen den Schiffbauvertragspartnern nach den Normen des Schuldrechts und den besonderen Vertragsabreden zu verteilen. Kraft des Schiffbauversicherungsvertrages übernimmt der Versicherer die Verpflichtung, unter Umständen diese Folgen für die dadurch betroffene Person auszugleichen. Es gilt zu untersuchen, unter welchen Voraussetzungen und in welchem Umfang sich ein Schaden zu Lasten des Versicherers auswirken soll. Untersuchungsgegenstand dieser Arbeit sind somit die Bedürfnisse, die ein Schiffbauschaden bei den Schiffbauvertragspartnern herbeiführen kann, und insbesondere die Verteilung dieser Bedürfnisse zwischen den hierbei beteiligten Personen: Besteller, Werft und Versicherer. Die Behandlung der Frage der „Gefahr" tritt im allgemeinen, sowohl im schuldrechtlichen als auch im versicherungsrechtlichen Sinne in den Vordergrund.

Wesentlich für die Geltung und Tragweite des vom Schiffbauversicherer geleisteten Versicherungsschutzes ist die Natur des durch die Schiffbauversicherung versicherten Interesses. Träger des Interesses hierbei ist zunächst derjenige Kontrahent, den die Folgen eines Schiffbauschadens treffen. Die Art des Schadens, den der Interessenträger erleiden kann, bzw. die Natur seines Interesses steht im engen Zusammenhang mit seinen vertraglichen Verpflichtungen aus dem Schiffbaugeschäft. Die Feststellung der Person des Interessenträgers je nach Art der abgeschlossenen Schiffbauvertrages und die dementsprechende Klarstellung des rechtlichen Charakters seines Interesses sind die Hauptanliegen dieser Arbeit.

Vorerst gilt es aber als Vorbedingung für die weitere Abhandlung des Themas, die Rechtsnatur eines Schiffbauversicherungsvertrages klarzustellen. Ein langjähriger wissenschaftlicher Streit hat sich darüber entwickelt. Umstritten hierbei ist insbesondere die Frage, ob die Schiffbauversicherung eine See- oder eine Binnenversicherung ist.

KAPITEL A

Die Rechtsnatur der Schiffbauversicherung

Durch eine Schiffbauversicherung werden Interessen der bei einem Schiffbauvertrag beteiligten Personen geschützt. Bevor man sich mit den Interessen der Parteien und mit den einzelnen Merkmalen dieser Versicherung befaßt, sollte man ihre rechtliche Natur klarstellen. Es taucht die Frage auf, ob die Schiffbauversicherung eine See- oder Binnenversicherung ist.

Die Beantwortung dieser Frage ist von wesentlicher Bedeutung. Ist die oben genannte Versicherung als Seeversicherung zu charakterisieren, so wird sie von den Bestimmungen der ADS geregelt. Die Vorschriften des VVG sind nicht anwendbar (§ 186 VVG). Ist dagegen die Schiffbauversicherung als Binnenversicherung anzusehen, so wird sie grundsätzlich durch die Vorschriften des VVG geregelt. Das würde bedeuten, daß die Parteien zwar immer frei wären, die ADS vertragsmäßig für anwendbar zu erklären. Die Anwendbarkeit der ADS wäre aber durch die Vorschriften des VVG beschränkt[1].

§ 186 VVG bestimmt, daß „die Vorschriften dieses Gesetzes auf die Seeversicherung und auf die Rückversicherung keine Anwendung finden". Aus den Vorschriften des VVG ist jedoch nicht zu ersehen, unter welchen Bedingungen ein Versicherungsvertrag eine Seeversicherung darstellt. Man sollte auf Grund der von der Rechtsübung entwickelten besonderen Merkmale der Seeversicherung eine begriffliche Grenzziehung zwischen Binnen- und Seeversicherung erzielen können. Kraft dieser Abgrenzung wäre die Einordnung der Schiffbauversicherung in einen der beiden Versicherungsbereiche möglich.

Das Problem der Rechtsnatur der Schiffbauversicherung ist nicht etwa nur ein solches des neuzeitlichen Versicherungsverkehrs. Schon früher haben sich mehrere Verfasser damit beschäftigt. Die herrschende außerordentlich große Meinungsverschiedenheit vergrößert nur die Bedeutung dieses Problems. So erwähnt treffend *Louge*: „La question de savoir si l'assurance d'un navire en construction est ou non une assurance maritime, est une controverse classique"[2].

---

[1] S. *Ritter-Abraham*, S. 73 § 1 Anm. 21 und S. 77 § 1 Anm. 29.

[2] *Louge*, No. 27.

I. DARSTELLUNG DER PROBLEMATIK

Es gilt zu untersuchen, ob die Schiffbauversicherung in den Bereich der Seeversicherung eingeordnet werden soll oder nicht. Voraussetzung für diese Beurteilung kann nur die nähere Betrachtung der wesentlichen Elemente und besonderen Merkmale der Seeversicherung sein.

Nach deutschem Recht sind es insbesondere zwei Bedingungen, die jede Seeversicherung erfüllen muß, um als solche bezeichnet werden zu können:

1. Das versicherte Interesse muß sich auf ein Schiff oder dessen Ladung beziehen[3].

2. Die Versicherung soll Versicherungsschutz gegen „Gefahren der Seefahrt" gewähren[4].

Es stellt sich daher die Frage, ob die beiden genannten „essentialia negotii" eines Seeversicherungsvertrages bei der Schiffbauversicherung gegeben sind.

1. Das versicherte Interesse

Das versicherte Interesse ist eine rechtliche Beziehung zwischen einer Person und einem Gut. Die Beziehung kann bei der Seeversicherung „von jeder beliebigen Art" sein[5]. Sie kann aus einem dinglichen Recht stammen oder durch einen schuldrechtlichen Anspruch vermittelt sein, oder sie kann eine Erwartung von wirtschaftlichen Vorteilen aus dem Gut darstellen usw. Gegenstand dieser Beziehung muß aber bei der Seeversicherung ein konkretes Gut sein, ein Schiff oder seine Ladung (§ 1 ADS, § 778 HGB). Seeversicherung ist nur die Versicherung, bei der das versicherte Interesse sich auf ein Schiff (oder dessen Ladung) bezieht. Merkmal der Seeversicherung ist nicht die Natur des durch sie versicherten Interesses, sondern gerade die Beschränkung des Gegenstandes, auf den sich das Interesse richtet. Ist der Gegenstand der versicherten Beziehung kein Schiff (auch keine Schiffsladung), so kann die Versicherung (zunächst) nicht als Seeversicherung betrachtet werden. Ein begriffswesentlicher Bestandteil der Versicherung ist dann nicht vorhanden. Nur soweit das im Bau befindliche Schiffswerk als „Schiff" angesehen wird, kann die Schiffsbauversicherung als Seeversicherung behandelt werden. Die hiermit behandelte Frage

---

[3] S. *Ritter-Abraham*, S. 73 § 1 Anm. 21 und S. 77 § 1 Anm. 29; *Bruck*, S. 72, § 9, III, A, I, 1, a, 2, b.

[4] S. *Ritter-Abraham*, S. 77, § 1 Anm. 29; *Möller* in: „Die Versicherung" Bd. 3, S. 275; anderer Ansicht *de Courcy*, I, S. 279.

[5] *Ritter-Abraham*, S. 56 § 1 Anm. 8.

läuft also im weiteren auf Folgendes hinaus: Stellt das Schiffbauobjekt ein „Schiff" in dem Sinne dar, in welchem das Gesetz bzw. die ADS dieses Wort verwenden?

Schiff, nach dem gemeinen Sprachgebrauch, ist ein einen Hohlraum darstellendes Fahrzeug von nicht unbedeutender Größe, das sich auf dem Wasser durch eigene oder fremde Kraft zu bewegen bestimmt ist. Nicht wegdenkbare Bedingung des Begriffes „Schiff" ist seine Schwimmfähigkeit[6]. Daher darf man das Schiffsobjekt, solange es auf den Helgen steht und das Wasser noch nicht berührt hat, nicht als „Schiff" betrachten. Das Schiffbauobjekt, worauf sich die Schiffbauversicherung richtet, wird also vor dem Stapellauf nicht als „Schiff" angesehen. Daher ist hier der bei der Seeversicherung erforderliche bestimmte Gegenstand der versicherten Beziehung nur nach dem Stapellauf gegeben; vorher kann (zunächst) die rechtliche Beziehung des Versicherten zum Schiffbauobjekt nicht von einer Seeversicherung geschützt werden.

2. „Gefahren der Seeschiffahrt"

Die Seeversicherung deckt alle Gefahren, doch nur insoweit, als sie in dem Begriff der „Gefahren der Seeschiffahrt" enthalten sind[7, 8]. Was ist nun mit dem Begriff „Gefahren der Seeschiffahrt" gemeint? Wie grenzt man diese Gefahren von der Gesamtheit der Gefahren ab?

Nach *Ritter* sind Gefahren der Seeschiffahrt die Gefahren, die mit der Fahrt zur See des Seeerwerbschiffes (oder seiner Ladung) verbunden sind[9]. Hiernach ist die Verbindung eines Risikos mit der Seefahrt wesentlich für seine Kennzeichnung als „Gefahr der Seefahrt". Seefahrt heißt vor allem Bewegung auf der See[10]. Gefahren der Seefahrt sind also die Risiken, die mit dieser Bewegung verbunden sind. Verwandt mit dieser Art von Risiken sind noch diejenigen, die dem versicherten Interesse während der „Bewegungsbereitschaft der Seefahrt" drohen[11]. Nach *Bruck*

---

[6] Vgl. *Sebba*, HansRZ 1918, 503; *Schaps-Abraham*, Bd. I, 3. Aufl. 1959, S. 227—228 Anm. 1—2; *Pappenheim*, S. 4.

[7] S. *Ritter-Abraham*, S. 459, § 28 Anm. 11 und S. 78 § 1 Anm. 31; auch *Möller*, ITV 1939, S. 65.

[8] „Nicht als ob die Versicherung den Charakter einer Seeversicherung verlöre, wenn zusammen mit den Gefahren der Seefahrt des Seeerwerbschiffes noch andere Gefahren übernommen werden." *Ritter-Abraham*, S. 77, § 1 Anm. 30.

[9] *Ritter-Abraham*, S. 77, § 1, Anm. 30.

[10] Vgl. SeestrO v. 5. Februar 1906, I. Einleitung; RVO § 1047; vgl. auch *Weyl*, S. 7.

[11] Unter „Bewegungsbereitschaft" sind zu verstehen, Zeiten der Ruhe, die im engen Zusammenhang mit der Bewegung ihr vorausgehen, sie unterbrechen oder ihr folgen. S. *Bruck*, S. 66.

fällt diese Kategorie von Risiken auch unter den Begriff „Gefahren der Seefahrt“[12]. Gefahren der Seefahrt sind also die Risiken, die dem versicherten Interesse während der Bewegung des Schiffes auf der See oder während der Bewegungsbereitschaft der Seeschiffahrt drohen. Sind alle diese Gefahren als Gefahren der Seeschiffahrt zu verstehen? Werden sie alle vom Seeversicherer gedeckt?

Bei der Seeversicherung gilt der Grundsatz der Totalität (Universalität) der Gefahren. Jede Gefahr, ohne Rücksicht auf ihre Ursache, soweit sie in Verbindung mit der Seefahrt steht, wird vom Versicherer gedeckt. Der Sinn des Grundsatzes erstreckt sich nur auf die Ursache der Gefahr, nicht auf die Gefahr selbst. Jede Gefahrursache kann eine Gefahr der Seefahrt herbeiführen (abgesehen von ausgenommenen Gefahrursachen, z. B. § 35 ADS)[13]. Es gibt somit keine ursächliche Beschränkung des Begriffes „Gefahr der Seefahrt“, dies heißt aber nicht, daß es überhaupt keine Beschränkung gibt. Es gilt eine Totalität der Gefahrursachen, nicht eine echte Totalität der Gefahren an sich. Der Seeversicherer übernimmt nicht alle Gefahren, denen das versicherte Interesse während des Seetransportes oder während seiner Bereitschaft ausgesetzt ist, sondern nur diejenigen, die mit der Seefahrt des Erwerbschiffes (oder seiner Ladung) als solcher in Verbindung stehen. Durch diese Definition sollen diejenigen Gefahren ausgeschlossen werden, die das Schiff nicht als solches, nicht als Mittel der Durchführung der Seefahrt treffen. Ein Schaden kann das Schiff als Träger von anderen Eigenschaften treffen, z. B. als gewerblichen Gegenstand des Privateigentums[14], oder als Verkehrsmittel schlechthin[15]. Diese Schäden werden vom Seeversicherer nicht erstattet. Entscheidendes Element für die Bezeichnung eines Risikos als Gefahr für die Seefahrt ist daher seine Verbindung mit der Seefahrt des Seeerwerbschiffes als solchen[16]. Der Begriff „Schiff“ bildet also ein Merkmal innerhalb des Begriffes der Seegefahr.

Als Gefahren der Seefahrt werden aber, wie erwähnt, nicht nur die mit der Fahrt verbundenen Risiken verstanden, sondern darüber hinaus auch die Risiken, die während der „Bewegungsbereitschaft“ das versicherte

---

[12] S. *Bruck*, S. 72, 370, 66.

[13] Abweichend *J. v. Gierke*, S. 491, VI: „Es muß sich um außerordentliche Ereignisse handeln, welche der Transport mit sich bringt“; so auch *Tsangaris*, S. 107; dagegen *Ritter-Abraham*, S. 459, § 28, Anm. 11.

[14] S. *Ritter-Abraham*, S. 459, § 28 Anm. 11.

[15] S. *Möller*, ITV 1939, S. 65.

[16] Viel breiter wird der Begriff „Gefahr der Seefahrt“ im romanischen Rechtskreis ausgelegt (Frankreich, Belgien, Italien). Dagegen in viel engerem Sinn wird er vom anglo-amerikanischen Recht verstanden. Siehe darüber *Möller*, ITV 1939, S. 65—68.

Interesse bedrohen. Die Voraussetzung der Existenz eines „Schiffes" gilt auch für die Dauer der Bewegungsbereitschaft. Die Zeit der Erbauung eines Schiffes könnte als „Bewegungsbereitschaft" (nach der Definition von *Bruck*) bezeichnet werden. Das Schiffsobjekt wäre aber den Gefahren der Seefahrt nicht ausgesetzt, soweit es nicht als Schiff bezeichnet werden könnte. Das Attribut „Schiff" erwirbt das Schiffsobjekt erst vom Zeitpunkt des Stapellaufes an[17]. Von diesem Zeitpunkt an ist der Deckungsgegenstand (Fahrzeug) als Schiff den Gefahren der Seefahrt ausgesetzt. Solange das Schiffbauobjekt keine Gefahren der Seefahrt besteht, d. h. während des Zeitraumes der Kiellegung bis zum Stapellauf, sollte man hiernach annehmen, daß eine Seeversicherung nicht in Frage käme.

Außer dem erwähnten haben die Gefahren der Seefahrt noch ein besonderes Merkmal. Sie treten nur ein, wenn der Gegenstand der versicherten Beziehung (das Fahrzeug) sich auf dem Wasser befindet. Das schadenstiftende Ereignis soll auf der See verwirklicht werden[18]. Diese Bedingung scheint nicht ein begriffswesentlicher Bestandteil der Seegefahr zu sein, (man denke an die Bewegungsbereitschaft eines „Schiffes", das sich auf der Erde befindet, z. B. im Falle einer Schiffreparatur im Trockendock[19],

---

[17] So *Bruck*, S. 68, Anm. 14; *Wüstendörfer*, Seehandelsrecht S. 36; *Pappenheim*, S. 4 f.; *Schaps*, Bd. I, 2. Aufl. 1921, S. 8; *Sebba*, HansRZ 1918, Sp. 510; so auch *Ripert*, No. 375, S. 342; und *Spiliopoulos*, No. 52, (3) S. 125. Anderer Meinung *Schlegelberger-Liesecke*, S. 6; *Schaps-Abraham*, Bd. I, 3. Aufl. 1959, S. 230, Anm. 9.

[18] Siehe *Loccenius*, lib. 2 cap. V n. 5, S. 980: „Sub nomine periculi, de quo sit cautio comprehenditur omnis casus, qui accidit in mari ..." *Valin*, titre VI, S. 491: „Seront aux risques des assureurs toutes pertes et dommages qui arriveront sur mer ..." *Lemonier*, S. 173, No. 153: „on appelle fortune de mer tout événement arrivé sur mer par cas fortuit ou par force majeure". *Lyon-Caen et Renault*, tome VI, Nr. 1220: „On peut définir les ‚fortunes de mer' les accidents qui arrivent sur mer ..." *Danjon*, No. 1552: „Les risques maritimes, ou fortunes de mer, ... ce sont les risques qui se produisent sur mer lors même qu'ils ne proviendraient pas de la mer." *Arnould*, No. 817: „A loss by perils of the seas can only take place when the ship may fairly be said to be on the seas." So auch *Tsirintanis*, Seeversicherung in Griechenland, S. 3, II, 2: „Auch bei uns also deckt die Seeversicherung nicht die Gefahren der See, sondern die Gefahren auf der See." Vgl. auch: *Targa*, S. 221, Cap. LII, I, 3, 4: „... ogni sinistro che occora in mare, o da mare. ..."; *Émerigon* Section I und II, S. 503 H; *Smeesters-Winkelmolen*, No. 996; *Desjardins*, Tome sixième No. 1396; *Anastasiadis*, § 348; *Tsangaris*, S. 107, § 52.

[19] Es gibt alte Entscheidungen in Großbritannien, die auch noch die dem Schiff während seiner Reparatur im Dock drohenden Risiken nicht als Gefahren der Seeschiffahrt behandeln. Siehe English Reports, Vol. 128, P. 90, Thomson Whitmore, Nov. 7, 1810 (3 Taunt. 227): „... If a ship have down on a beach within the tide-way, to repair, be thereby bilged and damaged, it is not a loss

sie macht indessen ein typisches Merkmal dieser Gefahren aus und bildet die überwiegende Regel. Auch dieses Merkmal ist bei den Gefahren des Schiffbaus zunächst nicht vorhanden. Es taucht erst auf, sobald das Fahrzeug die „Schiffseigenschaft" erwirbt, d. h. vom Zeitpunkt des Stapellaufs an.

Schlußfolgerung: Das Schiffbauobjekt ist Gefahren ausgesetzt, die während der Zeit der Erbauung des Schiffes vor dem Stapellauf nicht als Gefahren der Seefahrt angesehen werden können[20]. Das Bauobjekt befindet sich weder auf der See, noch ist es ein Schiff im Sinne des Gesetzes. Nach dem Stapellauf dagegen werden die Voraussetzungen der Seegefahren erfüllt; eine Seeversicherung könnte daher in Betracht kommen.

II. AUFFASSUNGEN DES SCHRIFTTUMS

Mit dem Problem der Qualifizierung der Schiffbauversicherung haben sich mehrere Verfasser beschäftigt. Sowohl die von ihnen zur Frage beigebrachten Lösungen als auch die Argumente, mit denen jeder von ihnen seine Auffassung begründet, weichen wesentlich voneinander ab.

Man könnte die Autoren, die sich über dieses Problem geäußert haben, in zwei Gruppen sondern: diejenigen, die die Schiffbauversicherung als Binnenversicherung betrachten, und jene, die ihr die Seenatur zuerkennen. Hauptvertreter der ersten Gruppe ist *Ritter*. Dieselbe Meinung, doch nur zum Teil, teilen auch *Donati*, *Wüstendörfer* und *Danjon*, wie auch die Griechen *Anastasiadis* und *Tsangaris*. Dagegen finden wir die Auffassung, daß die oben genannte Versicherung den Seeversicherungen zuzurechnen sei, bei den Franzosen *Louge* und *Ripert*, bei dem Belgier *de Smet*, wie auch bei den Deutschen *Bruck* und *Manes*.

Ritter[21] gründet seine Auffassung auf die erwähnte Tatsache, daß der Gegenstand, dessen Beschädigung den Versicherungsfall hierbei herbeiführen kann, also das Schiffbauobjekt, kein Schiff im Sinne des Gesetzes

occasioned by the perils of the sea" „... Yet as the damage happened upon the land, it could not be considered as a loss sustained by the perils of the sea, ..." So auch Philipps and Another against Barber, 1821, 5 B & Ald. 161, English Reports, Vol. 106, P. 1151. Die Erklärung dieser Tatsache liegt darin, daß der Begriff „perils of the sea" im anglo-amerikanischen Recht enger aufgefaßt wird als der deutsche Terminus „Gefahren der Seefahrt".

[20] So *Ripert*, No. 2498; *de Smet*, No. 176, „... Il est vrai qu'il n'est pas exposé à des risques de navigation ..."; vgl. auch *Danjon*, No. 1552.

[21] *Ritter-Abraham*, S. 73, § 1 Anm. 21 und S. 73—74, § 1 Anm. 23: „Keine Schiffe sind z. B. ... Schiffe im Bau ... Die Versicherung eines Schiffsneubaus ist also keine Seeversicherung im Sinne des Gesetzes"; vgl. auch S. 77—78 § 1 Anm. 30; vgl. auch *Anastasiadis*, § 348, (35).

ist. Diese ausdrückliche Ablehnung des Seecharakters wird aber im weiteren von *Ritter* selbst gemildert[22]. Namentlich ist *Ritter* der Meinung, daß rein normativ gesehen, die Schiffbauversicherung keine Seeversicherung sei. Er erkennt aber, daß die Verkehrsübung und die Rechtsprechung Versicherungen von Unternehmungen, die in engem Zusammenhang mit solchen der Seefahrt stehen, als Seeversicherungen betrachten, und hält diese Ausdehnung des Gebietes der Seeversicherung im Interesse dieser Unternehmungen für zweckmäßig.

Danjon[23] meint, daß die Versicherung zunächst nicht als Seeversicherung angesehen werden dürfe, da die durch sie gedeckten Gefahren keine Gefahren der Seeschiffahrt seien. Er meint jedoch weiter, daß aus dem Tatbestand der Übernahme der Gefahren des Schiffbaus durch eine Seeversicherungsgesellschaft die Absicht der Kontrahenten entnommen werden könnte, der Versicherung den Seecharakter beizulegen[24].

Wüstendörfer[25] weist darauf hin, daß die Versicherung nur für die Zeit vom Stapellauf bis zur Ablieferung Seeversicherung sei. Vorher, meint er, sei sie Feuerversicherung, d. h. der Versicherer gewähre Versicherungsschutz nur gegen Brandschäden. Es darf daher vermutet werden, daß diese Regelung damals (1920) angewandt wurde[26]. Die Ermittlung der Richtigkeit dieser Auffassung bereitet heute Schwierigkeiten insofern, als die ältesten „Klauseln für Baurisiken", die nicht durch die Kriegseinflüsse verlorengegangen sind und daher noch zu unserer Verfügung stehen, vom Jahre 1921 datieren. Danach darf keine solche Einstellung vermutet werden[27].

Auch Donati[28] ist der Meinung, daß die Schiffbauversicherung vor dem Stapellauf Binnenversicherung, nachher Seeversicherung sei.

---

[22] *Ritter-Abraham,* S. 78, § 1 Anm. 30: „Man wird darin eine, verständiger Interessenabwägung Rechnung tragende, Ausdehnung des Gebietes der Seeversicherung erblicken müssen und als Grundsatz aufstellen dürfen, daß die Versicherung von Unternehmungen, die mit denjenigen der Seeschiffahrt im engsten örtlichen und wirtschaftlichen Zusammenhang stehen, nach den Regeln der Seeversicherung zu beurteilen ist."

[23] *Danjon,* No. 1552. „A plus forte raison l'assurance d'un navire en construction n'a-t-elle, en soi, rien de maritime, car les dangers que le navire court tant qu'il est sur le chantier n'ont rien de spécial". So auch *Tsangaris* § 45, II, S. 98.

[24] Siehe *Danjon,* S. 430 f., No. 1554.

[25] *Wüstendörfer,* Tatsachen und Normen, S. 59.

[26] RG LZ 1917, Sp. 207, ein Fall, wobei die Werft tatsächlich gegen Brandschäden versichert war.

[27] Nach *Louge,* (No. 27) hatte die Praxis in Frankreich schon vor dem Jahre 1921 eine einzelne Versicherung für die gesamte Bauzeit durchgesetzt.

[28] *Donati,* No. 561, a) „L'assicurazione della nave in construzione è in realtà

Louge[29], einer jener Verfasser, die der Versicherung Seecharakter zuerkennen, ohne eine deutliche Begründung seiner Ansicht zu geben, hält die Versicherung während der ganzen Dauer des Baues für eine Seeversicherung. Er betrachtet sie sogar auch für die Zeit als eine solche, in der es noch kein Bauobjekt gibt, d. h. vor der Kiellegung, wenn der vom Schiffbauversicherer gewährte Versicherungsschutz grundsätzlich nur die bei den Werftgeländen liegenden Materialien und Konstruktionsteile deckt.

Ripert vertritt die Auffassung, daß die von der Schiffbauversicherung übernommenen Gefahren keine „Gefahren der Schiffahrt" seien. Trotzdem hält er die vorliegende Versicherung für eine Seeversicherung, sowohl wegen der gewissen „qualité juridique de navire", die das Schiffsobjekt während des Baues trägt[30], als auch auf Grund der Tatsache, daß die Schiffbauversicherung zum Teil auch Gefahren der Seefahrt deckt, d. h. die Gefahren, die nach dem Stapellauf, während des weiteren Baues des Schiffes und seiner Probefahrt, auf es einwirken können[31].

Die Meinung von *Ripert* wird auch von *de Smet* vertreten[32].

Sieveking[33] findet Ähnlichkeit zwischen den Gefahren, die das Schiff während seines Baues bedrohen, und denen, die ihm während seines Liegens im Hafen drohen. Seiner Meinung nach kann aus diesem Grunde die Versicherung des Schiffbaus den Bestimmungen des Seeversicherungsrechtes genauso unterworfen werden wie die Versicherung, die die Risiken des Liegens des Schiffes im Hafen deckt.

Frenzl[34] wiederum betrachtet die Gefahren des Schiffbaus als „Gefahren der Seefahrt"; er nennt sie „Gefahren der Grenzgebiete der Seeschiffahrt".

---

ass. terestre prima del varo, maritima dopo". So auch *Tsangaris*, § 45, II, S. 98; vgl. auch *Anastasiadis*, § 348 (35).

[29] S. *Louge*, Nos 26, 27 und 29.

[30] *Ripert* Troisième Édition 1930, No. 2498: „Tout bâtiment qui a la qualité juridique de navire peut faire l'objet d'une assurance maritime ... Mais lorsque le navire est encore en chantier, il faut étendre beaucoup la notion de l'assurance maritime pour en appliquer les règles à ce bâtiment qui a la qualité juridique de navire, mais ne court pas les risques de la navigation, et l'étendre plus encore si on applique l'assurance aux pièces destinées au navire et qui sont sur le chantier avant leur utilisation. On ne doit pourtant pas hésiter à le faire, justement à cause de cette qualité juridique et aussi pour donner au contrat conclu le même caractère quel que soit l'état d'achèvement du navire."

[31] *Ripert*, No. 376.

[32] Siehe *de Smet*, No. 176.

[33] *Sieveking*, Anm. 5 zu § 778 HGB, S. 4; vgl auch *Louge*, No. 24.

[34] S. *Frenzl*, in Manes Versicherungslexikon Sp. 1386: „Unter den mit Seeschiffahrt verbundenen Gefahren sind nicht nur diejenigen zu verstehen, die im

Auf diese Annahme gründet er seine Ansicht, die Schiffbauversicherung sei Seeversicherung.

Die Schwierigkeit der Zuerkennung des Seecharakters bei einer Versicherung, deren versichertes Interesse sich nicht auf ein Schiff (oder seine Ladung) richtet, wird auch von *Bruck* anerkannt. Er stellt jedoch, wie etwa *Ripert,* fest, daß nach den Verkehrsauffassungen der Schiffbauversicherung die Natur einer Seeversicherung zukommt, da das Schiffsobjekt bereits während der Baudauer als „Schiff" betrachtet wird[35].

Es kann hiernach zusammengefaßt werden, daß es sich, nach Ansicht der meisten Verfasser, bei der Schiffbauversicherung (teilweise oder überhaupt) um eine Seeversicherung handelt. Die Einsprüche der Verteidiger der Gegenmeinung sind aber nicht unbedeutend. Die Rechtsnatur der Schiffbauversicherung bleibt somit eine umstrittene Frage.

III. LÖSUNGSWEG DER PRAXIS

Es wurde klargestellt, daß die Vereinbarung einer Seeversicherung für die Deckung der Risiken des Schiffbaus durchaus möglich ist, wenn das Bauobjekt von den Helgen bereits ins Wasser gelaufen ist. Für die Bauzeit von der Kiellegung bis zum Stapellauf sind dagegen die Voraussetzungen einer Seeversicherung nicht gegeben. Das Schiffsobjekt ist noch kein Schiff im Sinne des Gesetzes, und darum läuft es auch keine „Gefahren der Seefahrt". Die Vereinbarung einer Seeversicherung für diesen Zeitraum dürfte nicht in Frage kommen. Es überrascht daher die Tatsache, daß nach der Verkehrsauffassung, sowohl in der Bundesrepublik als auch im Ausland, die Versicherung des Schiffbaus vom Zeitpunkt der Kiellegung an grundsätzlich als Seeversicherung angesehen und behandelt wird[36]. Regelmäßig wird der Schiffbauversicherungsvertrag mit Rücksicht

---

Zusammenhang mit Fahrt zur See auftreten, sondern auch diejenigen der Grenzgebiete der Seeschiffahrt, insofern sie mit ihr in enger wirtschaftlicher oder verkehrstechnischer Verbindung stehen ... Die Gefahrtragung während des Baues und der Ausrüstung eines Schiffes wird der Seekaskoversicherung rechtlich gleichgestellt, versicherungstechnisch werden diese Bau- und Ausrüstungsrisiken jedoch als Abart getrennt behandelt." Vgl. auch Sp. 1399.

35 *Bruck,* S. 68, Anm. 14. „... Demgemäß ist der Neubau nach seinem Stapellauf als Schiff nach den Grundsätzen der Transport- oder Seeversicherung versicherbar, aber auch schon vorher, von Beginn der Kiellegung an, kann die Werft eine Transport- oder eine Seeversicherung nehmen, da verkehrsmäßig bereits ein Schiff als vorhanden angenommen wird und Transport- und Seeversicherung sich möglichst den Verkehrsauffassungen anpassen."

36 So *Bruck,* S. 68, Anm. 14; siehe auch *Sieveking* zu § 778 HGB, S. 4, Anm. 5 „... Tatsächlich wird vielfach Seeversicherung für Rechnung der Werft von der

auf die Normen des Seeversicherungsrechtes abgeschlossen, und als maßgebende Bestimmungen werden immer diejenigen des Seeversicherungsrechtes angesehen.

Diese Tatsache kann insbesondere aus dem Text der in jedem Land bei der Schiffbauversicherung angewendeten Bedingungen erkannt werden. Entsprechende Bedingungen in der Bundesrepublik sind die „Klauseln für Baurisiken" (siehe Anhang). Bei diesen Klauseln werden ausdrücklich die ADS für anwendbar erklärt (§ 8, Nos 141—143 KBR). Ferner verrät der Sinn, in dem die oben genannten Klauseln gefaßt sind, das Vorhandensein einer ursächlichen Abhängigkeit des Schiffbauversicherungsvertrages von den bei den Seeversicherungen geltenden Normen (siehe z. B. § 1, Nos 18—19; § 5, Nos 88—108; § 6, Nos 110—117; § 7, Nos 131—139 KBR u. a.)[37].

Die Praxis macht hierdurch eine Ausnahme von der theoretischen Regel. Sie vernachlässigt den Mangel wesentlicher Voraussetzungen eines juristischen Begriffes und regelt die vorliegende Einrichtung auf Grund der Zweckmäßigkeit. Man könnte behaupten, daß ein Gewohnheitsrecht diese Regelung durchgesetzt habe, so daß eine Norm des positiven Rechtes der Schiffbauversicherung die Seenatur beilegt. Eine solche Behauptung ist aber nicht zu beweisen, da das Dasein des Elementes einer „opinio necessitatis" dabei nicht zu ermitteln ist. Die Erörterung des Falles ist deshalb besonders schwer, weil es darüber kaum eine Rechtsprechung gibt[38]. Folgerichtiger wäre die Ansicht, daß hierbei lediglich ein Geschäftsgebrauch (usance) vorhanden ist, d. h. die Behandlung des Geschäftes der Schiffbauversicherung nach den Rechtsnormen des Seeversicherungsrechtes bildet tatsächlich im Geschäftsverkehr die Regel.

Die Existenz einer Handelsgewohnheit läßt sich namentlich durch die oben erwähnten, in jedem Land angewendeten Bedingungen feststellen. Diese Übung bestimmt, daß in dem Fall, in dem die beteiligten Parteien nichts Gegenteiliges vereinbart haben, das Gebräuchliche — die Anwendung der Vorschriften der Seeversicherung — gelten soll. Das „rechtliche

---

Kiellegung oder vom Stapellauf bis zur Abnahme des Schiffes genommen."; So auch in Großbritannien. Vgl. *Dover*, S. 334 „Building (or construction) and launching risks are insured in everyday practice under policies in marine form."

[37] Die Police „Française" (die französischen allgemeinen Schiffbauversicherungsbedingungen) erwähnt in Art. I, § 6 der „conditions générales" folgendes: „La présente police est régie dans son ensemble par les règles qui gouvernent l'assurance maritime". In dem gleichen Sinne sind auch die „Institute Clauses for Builders' Risks", die entsprechenden englischen Bedingungen, verfaßt (vgl. § 6, Nos 31—33, § 7, Nos 34—38, § 9 Nos 50—56, Institute Clauses for Builders' Risks).

[38] Geschäfte dieser Art werden hauptsächlich durch Schiedsspruch geregelt.

Sollen" im Sinne der Pflicht der Parteien, das bestimmte Versicherungsgeschäft den Vorschriften der Seeversicherung unterzuordnen, scheint zunächst zu fehlen.

Es darf daher gefolgert werden, daß die Anwendung des Seeversicherungsrechtes bei der Versicherung des Schiffbaus auf einem Handelsgebrauch beruht; auf die im Handelsverkehr geltenden Gebräuche ist unter den bei dem Schiffbauversicherungsgeschäft gegebenen Umständen Rücksicht zu nehmen (§ 346 HGB).

IV. ZUORDNUNG ZUR SEEVERSICHERUNG

1. Auswirkung des Fehlens von zwei begriffswesentlichen Merkmalen der Seeversicherung

Die Einordnung der Schiffbauversicherung unter die Vorschriften des Seeversicherungsrechtes ist von der Verkehrsauffassung nicht ohne angemessenen Grund bestimmt worden. Die beiden oben erwähnten Merkmale der Seeversicherung sind freilich bei der Schiffbauversicherung nicht vorhanden, doch steht es fest, daß die Gegebenheiten bei der Schiffbauversicherung viele Ähnlichkeiten und gemeinsame Merkmale mit der Seeversicherung haben, und zwar nach beiden Richtungen:

a) Bezüglich des Begriffes „Schiff",

b) In bezug auf die „Gefahren der Seefahrt".

a) Das Schiffbauobjekt ist, wie gesagt, kein „Schiff" im engen Sinne des Gesetzes, es steht aber im mittelbaren Zusammenhang mit der Seefahrt und es hat, wie *Ripert* sagt, „la qualité juridique de navire"[39]. Daher dürfte die Ansicht gerechtfertigt sein, daß es für bestimmte Rechtsverhältnisse als „Schiff" angenommen werden könnte.

Vielfach wird das sich im Stadium der Konstruktion befindliche Schiff mit dem „nasciturus" verglichen. Wie der „nasciturus" für bestimmte Beziehungen vom Recht als Person angenommen wird, so wird auch das werdende Schiff für bestimmte rechtliche Beziehungen vor dem Stapellauf als „Schiff" betrachtet. Derartige Beziehungen sind z. B. die Befrachtung, die Registrierung des Bauobjektes und auch seine Hypothekenbelastung. Warum sollte also nicht auch seine Versicherung eine dieser Beziehungen sein?

Außerdem erfährt auch die Regel, daß das versicherte Interesse bei der Seeversicherung eine Beziehung zum Schiff (oder Ladung) sein muß, Abweichungen. *Ritter* selbst — der Hauptvertreter der Gegenmeinung —

---

[39] *Ripert*, Troisième Édition 1930, No. 2498.

gibt, wie bereits erwähnt, zu, daß „die Versicherung von Unternehmungen, die mit denjenigen der Seeschiffahrt im engsten örtlichen und wirtschaftlichen Zusammenhang stehen; nach den Regeln der Seeversicherung zu beurteilen ist“[40]. Der wirtschaftliche Zusammenhang des Schiffbauunternehmens mit demjenigen der Seeschiffahrt macht einen weiteren Grund aus, daß die aus der Schiffbauversicherung herkommenden Verhältnisse nach den Normen des Seeversicherungsrechts geregelt werden sollten.

b) Was die Gefahren des Schiffbaus anbelangt, so stellen sie keine echten Gefahren der Seefahrt dar, soweit der Stapellauf und die Taufe des Schiffes noch nicht stattgefunden haben. Sie drohen bis dahin, wie oben gesagt, einem Schiffbauobjekt und keinem Schiff im Sinne des Gesetzes. Ihr Eintritt würde zudem auf dem Werftgelände und nicht auf dem Meer erfolgen. Die Gefahren des Schiffbaus haben indessen mit denjenigen der Seefahrt vieles gemeinsam[41]. Ihre Verwirklichung kann unter Umständen die Realisierung der Seefahrt verhindern oder verzögern; insofern stehen sie in einer mittelbaren Verbindung mit der Seefahrt[42]. Aus diesem Grund werden sie, wie bereits erwähnt, von einigen Verfassern als echte Gefahren der Seefahrt angesehen[43]. Außerdem soll noch in Betracht gezogen werden, daß die Schiffbauversicherung nicht die einzige Seeversicherung ist, die nicht Gefahren der Seeschiffahrt „im engeren Sinne“ deckt. Auch die Gefahren, die während des Liegens eines Schiffes im Trockendock auf dieses einwirken können (z. B. während des Umbaus eines Schiffes), werden von einer Seeversicherung gedeckt, obwohl auch sie keine echten Gefahren der Seeschiffahrt darstellen[44]. Auch die Gefahren, die einem Schiff während einer Flußreise drohen, sind keine „Gefahren der Seefahrt“, trotzdem werden sie, wenn diese Reise einen Teil einer Seereise darstellt, von der Seeversicherung erfaßt, die die Risiken der gesamten Reise deckt (§ 125 ADS, § 147 VVG). Es ist also möglich, daß der Seeversicherer sowohl „Gefahren der Seeschiffahrt“ wie auch andere (Binnenschiffahrt- oder Land-) Gefahren übernimmt[45 46].

---

[40] *Ritter-Abraham*, S. 78, § 1 Anm. 30; so auch *Schlegelberger*, § 1, No. 4, S. 21.

[41] Eine klare Grenzziehung zwischen Seegefahren und solchen, die sich auf den Werftgeländen verwirklichen, ist nicht immer leicht zu treffen. Man denke insbesondere an die Beschädigung eines sich im Dock befindenden Schiffes durch Hochwasser.

[42] Der MIA (§ 2 Abs. 2) nennt charakteristisch solche Gefahren „Adventures analogues to a marine adventure“.

[43] S. *Frenzel*, in Manes Versicherungslexikon, Sp. 1399.

[44] Vgl. auch *Sieveking*, zu § 778 HGB, Anm. 5, S. 4.

[45] Vgl. *De Courcy*, I, S. 279: „Mais il est faux que l'assurance ne puisse couvrir que des risques de navigation, puisque je viens de montrer, par les

2. „Ratio legis"

Es ist weiterhin die Tatsache von Bedeutung, daß die Regelung der Schiffbauversicherung nach den Vorschriften des Seeversicherungsrechtes dem Willen des Gesetzgebers nicht zuwiderläuft. Grundsätzliches Merkmal der die Seeversicherung regelnden Bestimmungen ist ihr dispositiver Charakter. Den Grund für eine solche Regelung macht die Annahme aus, daß beiden beteiligten Parteien (Reeder und Versicherer) neben eigenem Sachverstand die finanziellen Möglichkeiten gegeben sind, ihre Interessen durch qualifizierten Beistand zu schützen. Man darf davon ausgehen, daß diese vom Gesetzgeber im HGB (10. Abschnitt), sowie von den Vertragspartnern (Assekuradeure und Kaufmannschaft) bei der Normierung der ADS, vorausgesetzte Verfügung über Fachwissen und hinreichende finanzielle Mittel bei den beiden Parteien auch im Falle der Schiffbauversicherung (Werftunternehmer und Versicherer) als gegeben anzusehen ist. Das bedeutet, daß beiden Parteien, sowohl dem Werftunternehmer als auch dem Versicherer, die Möglichkeit eröffnet ist, sich davor zu schützen, daß der Versicherungsvertrag Klauseln enthält, die einseitig zum Nachteil eines der Vertragspartner ausfallen würden.

Die Staatsaufsicht braucht aus demselben Grunde wie bei der Transportversicherung nicht nach den strengen Normen des VAG durchgeführt zu werden (vgl. § 148 Abs. 1 VAG). Die äußeren Anzeichen deuten nämlich darauf hin, daß der Versicherungsnehmer bei der Schiffbauversicherung (Werftunternehmer oder Reeder), ebenso wie der Versicherungsnehmer bei der Seeversicherung über ausreichende Kenntnisse und wirtschaftliche Möglichkeiten verfügt, um sich selbst zu schützen.

Daraus ist zu schließen, daß nach der „ratio legis" einer Anwendung des Seeversicherungsrechtes im Verhältnis von Versicherer zum Versicherungsnehmer bei der Schiffbauversicherung nichts im Wege steht.

3. Ursprüngliche Gestalt des Schiffbauversicherungsvertrages

Die ersten Spuren des Vertrages der Schiffbauversicherung trifft man (hauptsächlich in Großbritannien) am Anfang des 18. Jahrhunderts. Zu dieser Zeit wurde das Schiff meist im „Eigenbau" (construction par

---

articles 341 et 362, qu'elle peut couvrir aussi des risques de terre". *Ripert,* No. 2544, (1); „Bien entendu, il faut tenir compte ici de ce que nous avons dit sur l'extension de l'assurance maritime à certains risques terrestres ..." *Desjardins,* S. 172, No. 1369: „L'assureur, sauf convention contraire, ne répond pas des risques terrestres." So auch *Schlegelberger,* § 1, No. 4, S. 21; Vgl. auch *Ritter-Abraham,* S. 463—464, § 28, Anm. 16.

[46] So insbesondere beim Container-Verkehr; vgl. die Haus-zu-Haus-Klausel in der Güterversicherung.

économie) erstellt[47], d. h. der Reeder baute sein Schiff selbst. Er stellte die erforderlichen Arbeiter ein und ließ seine aus dem Schiffbau stammenden Interessen für eigene Rechnung versichern[48]. Er ließ sie freilich als einen Teil seiner aus seinem nautischen Unternehmen resultierenden Interessengesamtheit versichern, und zwar bei derselben Seeversicherungsgesellschaft, von der die Risiken seines gesamten Schiffahrtsunternehmens übernommen wurden. Es ist zu vermuten, daß auch die gleichen Versicherungsbedingungen angewandt wurden, die bei jedem Seekaskoversicherungsvertrag regelmäßig maßgebend waren. Es ist hiernach höchstwahrscheinlich, daß die ersten Schiffbauversicherungsverträge den Charakter eines Seeversicherungsvertrages hatten.

Selbst heute sind in den Fällen, in denen der Besteller des Schiffes (der Reeder) die Versicherung nimmt, die gleichen praktischen Gründe gegeben, die Risiken des Baues durch eine Seeversicherung abzudecken. Der Reeder ist sich in erster Linie der Normen des Seerechtes bewußt und hat hiernach ein verständliches Interesse daran, die den Schiffbau bedrohenden Risiken nach den ihm bekannten Normen versichern zu lassen. Zudem ist es im allgemeinen versicherungstechnisch einfacher und darum zweckmäßiger, den Schiffbau als Ganzes zu betrachten, d. h. die Risiken nicht in solche vor und nach dem Stapellauf zu unterscheiden, sondern sie als eine Risikengesamtheit unter eine einzige Versicherungsdeckung zu bringen. Da ein bedeutender Teil der von dieser Versicherung gedeckten Risiken echte Gefahren der Seeschiffahrt sind (d. h. nach dem Stapellauf), dürfen die Kontrahenten darum auch eine Seeversicherung vereinbaren.

4. Marine Insurance Act 1906

Von Bedeutung für die Frage der Natur der Schiffbauversicherung sind zudem die in Großbritannien geltenden Normen. Dort ist das Problem gesetzlich geregelt. Der Gesetzgeber erkennt die Schiffbauversicherung als Seeversicherung an, wenn die Parteien den Versicherungsvertrag in der „form of a marine policy“ abfassen[49]. Seit 1906, als der MIA verab-

---

[47] So *Lyon-Caen et Renault*, tome V, No. 148; vgl. auch *de Valroger*, § 46, S. 130 f.

[48] Hierzu siehe weiter in Kap. B, III.

[49] *MIA 1906*, § 2, (1): A contract of marine insurance may, by its express terms or by usage of trade, be extended so as to protect the assured against losses on inland water or on any land risk which may be incidental to any sea voyage. (2) Where a ship in course of building, or the launch of a ship, or any adventure analogues to a marine adventure, is covered by a policy in the form of a marine policy, the provisions of this Act, in so far as applicable, shall apply thereto; but, except as by this section provided, nothing in this Act shall alter of affect any rule of law applicable to any contract of insurance other than a contract of marine insurance as by this Act defined.

schiedet wurde, kommen im britischen Versicherungsverkehr kaum Schiffbauversicherungsverträge vor, die nicht „in the form of a marine policy" vereinbart wurden[50] [51].

Der Begriff „perils of the seas" wird im angloamerikanischen Rechtskreis, wie bereits erwähnt, viel enger gefaßt als der deutsche Terminus „Gefahren der Seefahrt". Er schließt nur „every species of damage done to the ship or goods at the sea by the violent and immediate action of the Winds and Waves" ein, oder umfassender „every damage done by the fortuitous action of the sea"[52]. Hiernach sind die Gefahren des Schiffbaus gewiß keine „perils of the seas"; ihre Versicherungsdeckung wäre keine Seeversicherung. Um das Gesetz mit den Auffassungen des Handelsverkehrs zu vereinbaren, mußte sich der Gesetzgeber ausdrücklich äußern: „The provisions of this act in so far as applicable, shall apply thereto"[53] (nämlich auf die Versicherungsdeckung der mit dem Schiffbau oder Stapellauf verbundenen Risiken).

Die Bedeutung dieser Norm geht eigentlich weit über den englischen Raum hinaus, da sie auch in alle Verträge eingeht, in denen der Wille der Parteien zum Ausdruck gebracht wird, daß das englische Recht Anwendung finden soll und die zudem in der „form of a marine policy" verfaßt sind. Diesbezügliche Klauseln werden öfter in Schiffbauversicherungsverträgen und Schiffbauverträgen in aller Welt angetroffen.

Nach alledem darf man als Schlußfolgerung zusammenfassen, daß sich bei dem Vertrag der Schiffbauversicherung die Gestalt der Seeversicherung in einer übernationalen Verkehrsauffassung durchgesetzt hat. Dennoch darf dies nicht so aufgefaßt werden, daß die Parteien nicht frei seien, die Anwendung der Bestimmungen der Seeversicherung auszuschließen und die bestimmte Versicherung den Vorschriften des VVG zu unterwerfen[54]. Die Schiffbauversicherung ist eine Seeversicherung, nicht weil

---

[50] Vgl. *Dover*, S. 334.

[51] Charakteristisch dafür, daß das Gesetz in Großbritannien die oben genannte Versicherung als Seeversicherung betrachtet, ist auch der Wortlaut des THIRD PARTIES (RIGHTS AGAINST INSURERS) ACT 1930. Dieser besagt in § 33. — (1) „Interpretation" folgendes: „In this Act, unless the context otherwise requires- ..." marine, ... insurance business" means the business of affecting and carrying out, otherwise than incidentally to some other class of insurance business, contracts of insurance — ... (e) against risks incidental to the construction, repair or docking of vessels, including third party risks, ...

[52] S. *Arnould*, No. 812, S. 733 ff.

[53] MIA, 1906, § 2, (2).

[54] Es gibt namentlich Werften, die die Schiffbauversicherung als Binnenversicherung behandeln. Z. B. läßt die Schiffbaugesellschaft „C. B. Boatbuilders Ltd." in Neuseeland, die hölzerne Fischereischiffe und Vergnügungsschiffe baut, das Brandrisiko ihrer Schiffbauten durch eine „non marine policy" versichern.

sie ihrem Wesen nach zur Seeversicherung gehört, da sie die Rechtsmerkmale einer Seeversicherung trägt, sondern weil der ständige Wille der jeweiligen Parteien sie als eine solche angesehen und gewollt hat. Die Anwendung der Vorschriften des VVG bleibt immer möglich; sie setzt aber die deutliche Vereinbarung der Parteien darüber[55] voraus.

Es wird also festgehalten, daß die Schiffbauversicherung grundsätzlich eine Seeversicherung ist und daß die dazu maßgebenden Vorschriften zunächst die der ADS und nicht die des VVG sind.

---

[55] Vgl. auch *Ripert*, No. 2498.

KAPITEL B.

Versichertes Interesse und Versicherungsnehmer bei den verschiedenen Schiffbauverträgen

Als nächstes stellt sich die Frage nach dem versicherten Interesse. Welche Wertbeziehung wird bei der Schiffbauversicherung versichert; wer kann Versicherungsnehmer sein und wer ist es in der Regel?

Die Schwierigkeit der Lösung dieses Problems ergibt sich aus der Tatsache, daß bei einem Schiffbauvertrag mehrere Interessenten und versicherbare Interessen in Betracht kommen. Interessierte Personen sind zunächst die Schiffbauvertragspartner: Werftunternehmer und Besteller. Doch können noch Interessen von dritten Personen bei einem Schiffbauvertrag auftauchen. Man denke an das Interesse des Lieferanten, der sich das Eigentum des zum Schiffbau gelieferten Stoffes bis zur Entrichtung der Vergütung vorbehält. Die Natur dieser Interessen und die entsprechende Art des jeweils abgeschlossenen Versicherungsvertrages sind von den Bedingungen des vereinbarten Schiffbauvertrages abhängig. Es empfiehlt sich, die Interessen getrennt je nach der Abart des jeweils abgeschlossenen Schiffbauvertrages zu erörtern.

Dabei geht man davon aus, daß grundsätzlich drei Vertragsarten zu unterscheiden sind, wonach ein Schiff erbaut werden kann:

I. „Construction à forfait“ oder „à l’entreprise“ (Bauverdingung).

II. „Construction pour compte“ (Bau für fremde Rechnung) und

III. „Construction par économie“ (Eigenbau)[56].

I. „CONSTRUCTION À FORFAIT“

Als die bedeutendste Schiffbauvertragsart ist die „construction à forfait“ anzusehen. Werften in aller Welt schließen heutzutage (von wenigen

[56] Einige Verfasser machen keinen Unterschied zwischen „construction pour compte“ und „construction à forfait“ (z. B. *Vermond, de Valroger, Dufour, Ripert, Pappenheim, von Kaltenborn, Lyon-Caen,* u.a.). Es scheint jedoch zweckmäßig, diese Unterscheidung, aus geschichtlichen und praktischen Gründen, stets zu machen.

Ausnahmen abgesehen) nur Schiffbauverträge dieser Art ab[57]. Der Terminus „construction à forfait" ist fast identisch mit dem Wort Schiffbauvertrag geworden. Die beiden anderen oben erwähnten Schiffbauvertragsarten bilden seltene Ausnahmen.

Die Interessen der beteiligten Parteien bei dieser Art von Schiffbauvertrag treten nach Maßgabe der bei dem in Frage kommenden Schiffbauvertrag geltenden schuldrechtlichen Normen auf. Daher scheint die Aufklärung der Natur dieses Vertrages vom rein schuldrechtlichen Standpunkt für die weitere Erörterung der versicherten Interessen der Parteien im einzelnen erforderlich zu sein.

1. Rechtsnatur und Inhalt des Vertrages

Die „construction à forfait" ist ein gegenseitiger Schuldvertrag. Die beteiligten Parteien sind einerseits eine Schiffswerft und andererseits ein Besteller; das kann ein Reeder oder eine andere kaufmännische oder nicht kaufmännische Person sein. Die vom Werftunternehmer geschuldete Leistung besteht aus dem Bau, gemäß den Anweisungen des Bestellers, der Ablieferung und Übertragung des Eigentums an einem Schiff. Der Besteller verpflichtet sich als Gegenleistung dafür, das vereinbarte Entgelt (Bausumme) zu entrichten. Die Last der Beschaffung der gesamten Materialien fällt bei der „construction à forfait" auf die Seite des Unternehmers. Insofern stellt die Schiffbauschuld eine Beschaffungsschuld dar. In der Regel beschafft der Unternehmer die Materialien für eigene Rechnung[58].

Die Frage der rechtlichen Natur und der Einordnung dieses Vertrages im Gebiet der Schuldverhältnisse haben Grund zu einem langjährigen theoretischen Streit gegeben. Die sich auf diese Frage beziehenden Anschauungen schweben zunächst zwischen Werkvertrag und Kauf. Man sollte sich mit der Aufklärung dieser Frage befassen, bevor man die versicherten Interessen der Schiffbauvertragspartner klarstellt, insofern, als die Rechtsnormen, die die Tragung der „Gefahr" bei jedem von beiden Verträgen bedingen, voneinander abweichen. Die Bestimmung der Partei und der Art der Gefahr, die sie trägt, können nämlich, wie dargelegt wird, eine entscheidende Wirkung auf die Natur der versicherbaren Interessen der Parteien ausüben. Daher sollte die Natur des Schiffbauversicherungsvertrages aufgeklärt werden. Es empfiehlt sich, die sich darüber entwickelte dogmatische Auseinandersetzung von Anfang an zu verfolgen.

---

[57] Die „construction à forfait" war allerdings auch in sehr alten Zeiten bekannt. So *Lyon-Caen et Renault,* tome V, No. 148. Nach *de Valroger* (§ 46 S. 130 f.) hatte die „construction par économie" bereits um 1747 aufgehört, aktuell zu sein, und seitdem bildet die „construction à forfait" die Regel.

[58] S. *Wüstendörfer,* Tatsachen und Normen, S. 8.

a) Nach römischem Recht

Nach der bei den Römern herrschenden Ansicht lag im Zweifelsfall Kauf vor, soweit Beschaffer des Stoffes, in einem dem hier behandelten Vertrag entsprechenden Fall, der Unternehmer war[59, 60, 61]. Diese Auffassung wurde vorübergehend, zur Zeit von Gaius verlassen (Gaius C. III, § 147). Sie fand aber in der Zeit von Justinianus ihre endgültige Durchsetzung (Inst. liv. 3 tit XXIV, § 4): „Sed placet unum esse negotium et magis emptionem et venditionem esse."

Bekannt ist die Meinungsverschiedenheit in einem relevanten Fall zwischen dem juris consulto Cassius und den Gaius, Sabinus, Pomponius und Javolenus, über die Qualifizierung eines Vertrages zwischen einem Goldschmied und einem gewissen Titius. Nach dem Vertrag sollte der Goldschmied Schmucksachen aus vom ihm beschafftem Gold herstellen. Cassius betrachtete den vorliegenden Fall als zwei verschiedene Verträge; einen Verkauf des Stoffes und einen Dienstvertrag. Hingegen sahen die anderen oben erwähnten Juristen ihn lediglich als Kauf an. Die Ansicht der letzteren hat sich in Übereinstimmung mit der damals herrschenden Lehre durchgesetzt[62].

Nach römischem Recht sollte also ein Schiffbau der Art der „construction à forfait" zunächst nach den Normen des Kaufs behandelt werden.

b) Nach griechischem Recht

Das neue griechische Schiffahrtsgesetzbuch von 1958 legt in Art. 5 ausdrücklich fest, daß bei dem Schiffbauvertrag die Bestimmungen des Werkvertrages (mit bestimmten Ausnahmen) anwendbar sind. Diese Vorschrift schließt die Anwendung des Art. 683 gr. BGB aus, der ausführt: „Auf einen Vertrag zur Herstellung eines Werkes finden im Zweifel die Vorschriften über Kauf Anwendung, wenn der Unternehmer das zur Herstellung des Werkes erforderliche Material liefert, und wenn es der Besteller liefert, die Vorschriften über Werkvertrag." Es besteht also kein Zweifel, daß der griechische Gesetzgeber den vorliegenden Vertrag als Werkvertrag betrachtet.

c) Nach deutschem Recht

Beim deutschen Recht wird die Frage durch § 651 Abs. I BGB geregelt. „Verpflichtet sich der Unternehmer, das Werk aus einem von ihm zu

---

[59] Es sei denn, daß der Unternehmer lediglich Zutaten lieferte. S. *Dernburg*, § 325, I.

[60] Darüber siehe eingehend *Riezler*, S. 56 ff.; auch *Staudinger*, § 651 I, S. 1797.

[61] Es scheint, daß in dem alten französischen Recht dieselbe Konzeption vorherrschte. So *Vermond*, § 1, No. 20.

[62] S. *Dufour*, Section 1re, No. 561.

beschaffenden Stoffe herzustellen, so hat er dem Besteller die hergestellte Sache zu verschaffen. Auf einen solchen Vertrag finden die Vorschriften über den Kauf Anwendung; ist eine nicht vertretbare Sache herzustellen, so treten an die Stelle des § 433, des § 446 Abs. 1 Satz 1 und der §§ 447, 459, 460, 462 bis 464, 477 bis 479 die Vorschriften über den Werkvertrag mit Ausnahme der §§ 647, 648". Das Schiff ist eine nicht vertretbare Sache[63]. Hiernach werden die zwischen den bei der „construction à forfait"-Kontrahenten bestehenden rechtlichen Beziehungen zum Teil nach den Normen des Werkvertrages und zum Teil nach den Normen des Kaufvertrages geregelt; dergestalt, daß die Herstellung des Schiffes, die Abnahmepflicht, der Gefahrübergang und die Haftung des Unternehmers für Sachmängel nach den Normen über Werkverträge behandelt werden. Für die Übertragung des Schiffes, die Eigentumsverschaffung und die rechtlichen Mängel sind hingegen die Bestimmungen über Kaufverträge maßgebend.

Die Rechtsnatur des Vertrages kann also weder einfach als Kauf bezeichnet werden, noch als reiner Werkvertrag. Sie enthält Merkmale von beiden Vertragstypen (Werklieferungsvertrag). Welche von beiden Vertragsarten das überwiegende Element darstellt, hat Grund zu einem langen theoretischen Streit gegeben.

aa) Auffassungen des Schrifttums

Die Mehrheit der Verfasser sieht in dem Werklieferungsvertrag, dessen Gegenstand eine nicht vertretbare Sache ist, eine besondere Art von Werkvertrag. Das heißt, trotz der Anwendung bestimmter Vorschriften des Kaufs bleibt das Geschäft der Natur nach ein Werkvertrag. Es gibt jedoch auch Verfasser, die diesen Vertrag als Kauf (oder Kauf einer künftigen Sache) ansehen:

Enneccerus-Lehmann, § 156 II, S. 643: Ist die Sache nicht vertretbar, so liegt zwar begrifflich Kauf vor, aber die mit der Herstellung der Sache zusammenhängenden Fragen seien nach dem Recht des Werkvertrages geregelt.

Emerich, § 2, S. 9: Es liege nicht Kauf oder Kauf- und Werkvertrag, sondern regelmäßig einheitlicher Kauf einer res futura vor, allerdings mit so wichtigen Eigentümlichkeiten, daß die Vorschriften über den gewöhnlichen Kauf praktisch kaum ausreichen würden[64].

---

[63] Es sieht so aus, als ob die Verkehrsanschauung in den Vereinigten Staaten von Amerika einen gewissen Schiffstypus (Liberty-Schiffe) als vertretbare Sache ansieht.

[64] Diese Konzeption hat sich in Frankreich durchgesetzt. Dort ist der Vertrag der „construction à forfait" ein Kauf einer künftigen Sache (vente à livrer). Dazu *Wahl*, No. 46; *Vermond*, § 1, No. 20; *Ripert*, No. 372; *Lyon-Caen et Renault*, tome V, No. 153. Anderer Ansicht freilich *Dufour*, No. 561 f. Er

Dernburg, II, § 325 II, 2, S. 511: Das Geschäft gelte im allgemeinen als Kauf, dennoch seien nach § 651 Abs. I am Schlusse ganz überwiegend und in den wichtigsten Beziehungen die Vorschriften des Werkvertrags anzuwenden.

Esser, § 136, 1 S. 611: Das BGB gebe dem Werklieferungsvertrag eine eigentümliche Zwitterstellung zwischen Kauf- und Werkvertrag durch eine Reihe von Verweisungen in § 651, den man daher nicht unzutreffend „ein verwirrendes Rundreisebillett durch Kauf- und Werkrecht" genannt habe.

Cosack, S. 525, § 147, 3 b: Ist das Werk eine nicht vertretbare Sache, so gelte der Vertrag als ein Mittelding zwischen Werkvertrag und Kauf. Denn es seien einige Regeln des Kauf- und sämtliche Regeln des Werkvertragsrechts auf ihn anwendbar. Und zwar haben letztere Regeln das Übergewicht; denn gerade diejenigen Vorschriften des Kaufrechts, welche den Kauf vom Werkvertrage charakteristisch unterscheiden, seien von der Anwendung ausgeschlossen.

Lotmar, Bd. I, S. 185: Es sei nur ein Vertrag vorhanden, und zwar nicht ein Kauf-, sondern ein Arbeitsvertrag, den man Werklieferungsvertrag nennen könne, weil in seiner Wirkung Rechtsfolgen des Kaufs mit solchen des Werkvertrages kombiniert seien.

Larenz, II § 49, IV, S. 245: In der Tat stehe der Typus „Werklieferungsvertrag" dem Werkvertrag näher als dem Kaufvertrag, eben weil hier nicht der Absatz, sondern die Herstellung, die Tätigkeit des Unternehmers für einen bestimmten Erfolg im Vordergrund stehe.

Folgende Auffassungen sind besonders für den Schiffbauvertrag entwickelt:

Pöhls, S. 48 f., § 367, b: Man müsse auch bei Schiffen ein gemischtes Verhältnis annehmen, und man werde leicht einsehen, daß das opus, d. h. der Bau, hier das prinzipale sei, die emtio also als accessorium folgen müßte.

Pappenheim, S. 92 ff., § 8: Das BGB betrachte grundsätzlich den Vertrag als Kauf. Aber es lasse, insofern für Kauf und Werkvertrag verschiedene Vorschriften gelten, diejenigen über den Werkvertrag in solchem Umfange an die Stelle der Kaufregeln treten, daß im Ergebnis dadurch die rechtliche Natur des Vertrages in Zweifel gerückt worden sei. Dem Gesetze dürfe seine Auffassung als eines modifizierten Kaufes am besten entsprechen.

Wüstendörfer, Tatsachen und Normen, S. 9: Der Schiffbauvertrag sei nach Leistungsgegenstand und normativer Behandlung kein modifizierter

---

meint, daß der in Betracht kommende Vertrag ein Kauf unter Bedingungen sei (vente sous conditions).

Kauf, sondern ein Mitteltypus eigener Art zwischen Kauf- und Werkvertrag.

Die Frage der theoretischen Einordnung des Werklieferungsvertrages, bzw. Schiffbauvertrages, ist daher höchst umstritten. Für seine Aufklärung sollte man die einzelnen Merkmale des Kauf- und Werkvertrages in Betracht ziehen.

bb) „Dare" oder „facere" als wesentliches Merkmal des Schiffbauvertrages

Die Verpflichtung zur Veräußerung einer Sache, das „dare", macht das wesentliche Merkmal des Umsatzgeschäftes, insbesondere des Kaufs aus. Wesentliches Element des Werkvertrages ist im Gegensatz zum Kauf das „facere", d. h. die selbständige Verpflichtung des Werkunternehmers zur Herstellung bzw. Bearbeitung einer Sache[65]. Durch einen Werklieferungsvertrag übernimmt der Unternehmer (der Regel nach) alle beiden Verpflichtungen; er haftet für die Lieferung eines von ihm erzeugten Werkerfolges. Die sich erhebende Frage ist, ob eine von den beiden Pflichten des Unternehmers als überwiegendes Vertragselement angesehen werden kann.

Es steht fest, daß beide Verpflichtungen des Unternehmers für den Besteller von Bedeutung sind. Er legt Wert sowohl auf den Erwerb eines bestimmten Werkes, als auch auf das qualitative Herstellungspotential des Unternehmers, das die Beschaffenheit und den besonderen Wert des Werkes bestimmt. Es gibt jedoch Fälle, bei denen je nach dem Vertragszweck dem Besteller von vornehmlichem Interesse ist, daß die Herstellung des Werkes von einem konkreten Unternehmer ausgeführt wird. Für den Besteller kommt hier nicht der bloße Erwerb eines fertigen Produktes von gewisser Art in Betracht, sondern, daß das bestimmte Produkt einen Arbeitserfolg des von ihm ausgesuchten Unternehmers X darstellt. In anderen Fällen von Werklieferungsverträgen ist es hingegen für den Besteller unwesentlich, ob das geschuldete Werk vom Unternehmer hergestellt oder anderweitig beschafft wird. Der Besteller interessiert sich nur für die Anschaffung eines standardisierten Ertrages, eines Erzeugnisses von bestimmter Qualität und Größe, das sich im Verkehr nach Maß oder Gewicht bestimmen läßt; also einer vertretbaren Sache. Das soll heißen, daß bei der Herstellung von vertretbaren Sachen die Person des Schöpfers grundsätzlich keine erhebliche Rolle spielt[66]. Das Vertragsinteresse des Bestellers erschöpft sich hier in dem Erwerb einer zu einer breiteren Kategorie gehörenden Sache. Hiernach tritt von den Verpflichtungen des Unter-

---

[65] Vgl. *Emmerich*, § 2, S. 5.

[66] Vgl. *Enneccerus-Lehmann*, S. 642.

nehmers, insoweit als der Gegenstand des Werklieferungsvertrages eine vertretbare Sache ist, das „dare" in den Vordergrund[67]. Demgemäß finden die Vorschriften des Kaufvertrages Anwendung (§ 651 Abs. 1, S. 2 BGB). Bei der Herstellung und Übereignung einer nicht vertretbaren Sache macht dagegen die „obligatio faciendi" des Unternehmers das wesentliche Merkmal des Geschäftes aus, und folglich sind maßgebende Vorschriften (nach überwiegendem Maß) die des Werkvertrages. Die wichtigsten sich aus diesem Rechtsgeschäft ergebenden Beziehungen wie die Haftung des Unternehmers für Sachmängel, der Gefahrübergang und vor allem die Pflicht zur Herstellung, werden durch diese Vorschriften geregelt. Von den Vorschriften des Kaufes kommen die Bestimmungen über Rechtsmängel und Eigentumsübertragung in Betracht, insofern als entsprechende Bestimmungen bei der Vorschriften des Werkvertrages fehlen[68].

Es darf daher gefolgert werden, daß insoweit, als Leistungsgegenstand des Werklieferungsvertrages eine vertretbare Sache ist, das Geschäft begrifflich dem Kaufvertrag gleichkommt. Macht dagegen den Gegenstand des Vertrages eine nicht vertretbare Sache aus, so nähert sich der Werklieferungsvertrag dem Werkvertragstypus im höchsten Maße an.

Wenn man nun den Schiffbauvertrag bzw. das Geschäft der „construction à forfait" daraufhin betrachtet, darf man vermuten, daß er normativ eher dem Werkvertrag als dem Kauf ähnlich ist. Auf die Herstellung des Schiffes als Leistung des mit ihm beteiligten Werftunternehmers legt der Besteller einen besonders großen Wert. Er sieht das bestellte Schiff als das Arbeitsergebnis einer bestimmten, über ein individuelles, qualitatives Potential verfügenden Werft an. Die Beschaffenheit und die speziellen Eigenschaften des Schiffes hängen von diesem Errichtungspotential der Werft unmittelbar ab. Die Herstellung als solche und als Pflicht des Unternehmers ist für den Besteller von erheblicher Bedeutung. Diese individuelle Herstellungspflicht der Werft ist ein Grundzug des Schiffbau-

---

[67] Dem Besteller steht bei Werklieferungsvertrag über eine vertretbare Sache überhaupt kein Herstellungsanspruch zu. Er kann nur auf Lieferung der ihm geschuldeten Sache klagen. Beim Werklieferungsvertrag über eine nicht vertretbare Sache kann dagegen der Besteller sowohl auf Lieferung als auch auf Herstellung klagen. Siehe darüber *Dernburg*, § 325 II 2, S. 511; so auch *Esser*, S. 611; abweichend *Planck*, zu § 651 BGB I c: „Der Besteller hat keine selbständige Klage darauf, daß der Unternehmer den Stoff beschafft und das Werk herstellt, sondern nur auf Lieferung der vertragsmäßig hergestellten Sache." Stets unrichtig *Planck-Siber*, auch in der verbesserten (vierten) Auflage von 1928, Bd. II, 2. Hälfte, zu § 651 4 c, S. 1107: „Für die Herstellungspflicht des Unternehmers gilt das gleiche wie beim Werklieferungsvertrag über eine vertretbare Sache; eine Klage auf Herstellung ist also nicht ausgeschlossen.

[68] Vgl. § 445 BGB.

vertrages; sie macht das Element aus, das die Natur des Vertrages vom Kauf entfernt und ihn eher dem Werkvertrage ähneln läßt[69].

Vom Standpunkt der Praxis dürfte jedoch die Entscheidung der Frage der Rechtsnatur des Schiffbauvertrages von unwesentlicher Bedeutung sein. Es besteht zunächst kein Zweifel über die auf diese rechtliche Beziehung anwendbaren Rechtsvorschriften. Die Bestimmungen des BGB, auf die § 651 BGB verweist, werden Anwendung finden, unabhängig von der Einstellung, die man dem Problem der Rechtsnatur des Werklieferungsvertrages gegenüber hat[70]. Somit scheint das Problem eher theoretischer Natur zu sein, und sich auf die formelle Benennung des Werklieferungsvertrages zu beschränken. Von Bedeutung kann die Stellungnahme zu dieser Frage in dem Fall einer Gesetzeslücke oder nicht ausdrücklicher Regelung eines Falles durch den Gesetzgeber sein; also in Hinsicht auf Rechtsanalogie oder eine extensive Auslegung.

2. Die Tragung der schuldrechtlichen „Gefahr" durch den Werftunternehmer

a) *Begriff „Gefahrtragung" in schuldrechtlichem und versicherungsrechtlichem Sinne*

„Gefahr ist im allgemeinen eine Situation, die in der Vorstellung, im Urteil, nach der Erfahrung die Möglichkeit der Entstehung von Nachteilen in sich birgt"[71]. Im Versicherungsrecht wird der Begriff „Gefahr" enger gefaßt. Als Nachteile sind die Versicherungsschäden gemeint; d. h. schädliche Ereignisse im Vermögen des Versicherten, die der Versicherer auf Grund des Versicherungsvertrages zu ersetzen hat[72].

In anderem Sinne wird der Begriff „Gefahr" im bürgerlichen Recht gebraucht. Hier will der Gesetzgeber (bzw. der Parteiwille) die Folgen

[69] Dabei ist allerdings zu berücksichtigen, daß die vom § 651 BGB genannten Vorschriften nur insoweit anwendbar sind, als dem Unternehmer beide Pflichten obliegen, d. h. sowohl die Pflicht der Herstellung als auch die der Übereignung des Schiffes. Wenn hingegen das Eigentum am Bauobjekt bereits vor der Vollendung des Werkes an den Besteller übergegangen ist, d. h. wenn der Unternehmer nur eine Pflicht — die Herstellung — hat, obwohl die Materialien stets vom Unternehmer zu beschaffen sind, liegt ein reiner Werkvertrag vor (darüber siehe Kap. B, I, 3, c).

[70] Der Regel nach ist die „construction à forfait" ein zweiseitiges Handelsgeschäft. Daher kommen noch Vorschriften des Handelsrechtes, insbesondere die §§ 381 Abs. II, 376, 377, 378, 379, 345 HGB in Betracht. S. dazu *Enneccerus-Lehmann*, S. 643; *Wüstendörfer* a. a. O. S. 9 f.; *Pappenheim*, S. 92 f.; vgl. auch *Lyon-Caen et Renault*, tome V, No. 160; und *Ripert*, No. 373.

[71] *Ritter-Abraham*, S. 451, § 28 Anm. 4.

[72] Vgl. *Kisch*, Bd. II, S. 2: „Gefahr bedeutet zunächst die Möglichkeit des Eintritts des Ereignisses, an welches die Leistungspflicht des Versicherers geknüpft ist"; ähnlich auch *Ehrenzweig*, S. 74, Anm. 2.

einer durch Zufall entstandenen Beeinträchtigung der geschuldeten Leistung zwischen den Vertragspartnern verteilen. Man unterscheidet zwischen Leistungs- und Preisgefahr (Vergütungs-, Entgelt-, Gegenleistungsgefahr). Erstere spielt eine Rolle bei jeder Gattungsschuld, letztere nur bei den gegenseitigen Verträgen. Der Begriff der Leistungsgefahr berührt die Frage des „Freiwerdens" des Schuldners. Trägt die Leistungsgefahr der Schuldner, so heißt es: bei zufälligem Verlust oder Verschlechterung der Leistung bleibt der Schuldner an seine Vertragspflicht gebunden. Ist die Erfüllung nach dem Eintritt des Schadens möglich geblieben, so muß er noch einmal leisten (§ 279 BGB), ist dagegen seine Schuldnerpflicht unerfüllbar geworden, so haftet er auf Schadensersatz[73]. Trägt wiederum der Gläubiger die Leistungsgefahr, so verliert er durch den zufälligen Schaden seine Forderung auf die Leistung; der Schuldner wird durch den Eintritt des Schadens befreit (§§ 275 Abs. I, 300 Abs. II BGB).

Bei den gegenseitigen Verträgen kommt auch das Schicksal der Gegenleistung in Betracht, wenn die Erfüllung der Leistung durch Zufall unmöglich wurde. Durch die Auferlegung der Preisgefahr auf die eine oder die andere Partei wird die Frage beantwortet, ob der Gläubiger der unmöglich gewordenen Leistung durch den eingetretenen Zufallsschaden von seiner eigenen Erfüllungspflicht befreit wird oder weiter entgeltpflichtig bleibt. Die zu beantwortende Frage ist also, welche Partei den Schaden trägt[74]. Trägt z. B. beim Kaufvertrag die Preisgefahr der Verkäufer, so erhält er nach dem zufälligen Verlust der Ware den Kaufpreis nicht, trägt sie dagegen der Käufer, so muß er bezahlen, ohne die ihm geschuldete Ware zu bekommen.

Dementsprechend heißt „Gefahrtragung" in schuldrechtlichem Sinne die Rechtsposition, in der sich jener Vertragspartner befindet, zu dessen Lasten sich ein zufälliger Schaden an der ihm oder von ihm geschuldeten Leistung auswirkt. Wie sich der Schaden auf das Vermögen des Gefahrträgers auswirkt, richtet sich nach der Art der von ihm getragenen Gefahr (Leistungs- oder Gegenleistungsgefahr).

Dieser Begriff der Gefahrtragung des Kontrahenten eines Schuldvertrages weicht gründlich von der „Gefahrtragung" des Versicherers ab[75]. Im Versicherungsrecht macht die Gefahrtragung die vom Versicherer geschuldete Leistung aus. Im Schuldrecht besagt sie, welche von den beteiligten Parteien einen Zufallsschaden an der Leistung zu tragen hat. Die Gefahrtragung beruht hier auf einer gesetzlichen Regelung („naturalium negotii")

---

[73] Abweichend *Planck-Siber*, Allgemeiner Teil, § 243 4 b, wonach sich die Gefahrtragung nur auf die primäre Leistungspflicht, nicht auf die eventuelle Schadensersatzpflicht bezieht.

[74] So in §§ 323 I, 324 II, 446 I, 1, 447 I, 644 I, 1, 2, II BGB.

[75] Vgl. *Bruck*, PVR, S. 365 f.

oder einer vertraglichen Regelung („accidentalium negotii")[76]. Im Versicherungsrecht ist dagegen die Gefahrtragung ein Bestandteil des Vertrages (Hauptleistung des Versicherers). Der Eintritt der Gefahr verursacht im Schuldrecht eine irreguläre Abwicklung des Schuldverhältnisses. Im Versicherungsrecht ist der Versicherungsvertrag gerade im Hinblick auf den etwaigen Eintritt der gedeckten Gefahr abgeschlossen[77]. Tritt die Gefahr ein, so wird die Leistungspflicht des Versicherers (Versicherungsschutz) akut (Entschädigungsleistung)[78], das Versicherungsverhältnis erfährt dadurch keine irreguläre Abwicklung. Im Versicherungsrecht ist zudem die Gefahrtragung mit dem Rechtsgrund des Geschäftes fest verbunden. Der aus der Gefahrtragung des Versicherers resultierende Versicherungsschutz macht die „causa" des Versicherungsvertrages aus (causa aquirendi). Im Schuldrecht steht die Gefahrtragung in keinerlei Verbindung mit der causa der Zuwendung.

Außerdem ist der Umfang des Begriffes „Gefahr" in beiden Rechtsgebieten verschieden. Im Schuldrecht kann die Gefahr nur durch einen Zufall eintreten; im Versicherungsrecht kann sie auch durch das Verschulden des Versicherungsnehmers verwirklicht werden, sowohl durch leichte (§ 61 VVG, § 33 ADS) als auch durch grobe Fahrlässigkeit (§ 152 VVG).

Der Unterschied des Wesens der beiden Gefahrtragungen steht also fest. Dieser inhaltliche Unterschied ist auch in dem Falle vorhanden, in dem der vom Versicherer geleistete Versicherungsschutz darin besteht, daß er den Bedarf, zu dem die schuldrechtliche Gefahrtragung führt, ausgleicht. Das heißt, nimmt der Vertragspartner Versicherung gegen die nachteiligen Folgen, die ihm seine Gefahrtragung zufügt, so tritt der Versicherer nicht an die Stelle seines Vertragspartners, da die versicherungsrechtliche Gefahrtragung nicht mit derjenigen des versicherten Vertragspartners identisch ist[79]. Die Gefahrtragung im schuldrechtliche Sinne wird nicht an sich vom Versicherer übernommen. Sie verrät vielmehr das Dasein eines gefährdeten wirtschaftlichen Interesses, das unter Umständen unter Versicherungsschutz gebracht werden kann. Das gilt auch für den Fall des Schiffbauvertrages. Es gilt daher im folgenden zu untersuchen, welche Bedeutung und Auswirkung die schuldrechtliche Gefahrtragung des Werft-

---

[76] Darüber *Flume*, Rechtsgeschäft, S. 80 f.

[77] Vgl. *Bruck*, Zum Begriff des Interesses, S. 139.

[78] *Möller*, „Die Versicherung" Bd. 3, S. 2183; vgl. auch *Bruck*, PVR, S. 366 „aus der möglichen Haftung wird die tatsächliche Haftung".

[79] „Die Leistung des Versicherers ist nicht Abnahme der Gefahr, die der Versicherungsnehmer trägt, der Versicherer trägt nicht an Stelle des Versicherungsnehmers dessen Gefahr, sondern er übernimmt in bestimmtem Umfange die Befriedigung eines sich aus einer gewissen Gefahrslage möglicherweise ergebenden Bedarfs." *Bruck*, PVR, S. 366; vgl. auch *Ritter-Abraham*, S. 453, § 28, Anm. 6.

unternehmers in Hinsicht auf die Formulierung seines durch die Schiffsbauversicherung versicherten Interesses hat.

b) Vergütungs- oder Ersatzwerkgefahr?

Nach § 644 BGB ist Träger der „Gefahr" der Unternehmer. Der Sinn und die Tragweite dieser Gefahr gehen aber nicht eindeutig aus dem Wortlaut des Gesetzes hervor. Das schädliche Ereignis kann für den Unternehmer darin liegen, daß er seinen Anspruch auf die Vergütung verliert (Vergütungsgefahr) oder daß er trotz Eintritt des Schadens weiter leistungspflichtig bleibt, d. h. er muß den Schaden vergütungslos beseitigen (Leistungsgefahr oder, bei Werkverträgen, Ersatzwerkgefahr[80, 81]. In unserem Falle liegt Ersatzwerkgefahr vor, wenn der Werftunternehmer einen durch Zufall eingetretenen Schaden vergütungslos auszubessern bzw. das zugrunde gegangene Bauwerk neu herzustellen hat. Vergütungsgefahr ist hingegen dann gegeben, wenn der Eintritt eines Schadens Unerfüllbarkeit der Pflicht des Unternehmers und seine Leistungsbefreiung herbeiführt. Dabei büßt er seinen Anspruch auf die Vergütung ein[82].

Die aus dem Schiffbau fließenden wirtschaftlichen Interessen der Werft stehen in enger Verbindung mit dem obligatorischen Verhältnis zwischen Schiffsbesteller und Werftunternehmer. Die Art der vom Werftunternehmer getragenen Gefahr wirkt sich auf das Wesen seines unter dem Versicherungsschutz befindenden wirtschaftlichen Interesses aus. Es gilt daher als Vorbedingung für die weitere Klarstellung der Interessen der Werft zu prüfen, welche Gefahr der Werftunternehmer trägt, die Ersatzwerk- oder die Vergütungsgefahr.

Der Unternehmer hat die Pflicht übernommen, ein Werk zu konstruieren, ein Arbeitsergebnis zu liefern. Dem Schiffsbesteller ist nicht damit gedient, daß die Werft sich lediglich um die Konstruktion des Schiffes bemüht hat. Der Werftunternehmer schuldet dem Schiffsbesteller nicht

---

[80] Über den Begriff der Ersatzwerkgefahr s. *Wüstendörfer*, a. a. O., S. 36 f.

[81] *Oertmann* unterscheidet die Gefahr in Gefahr der Unmöglichkeit der Leistung und Gefahr „des vollendeten Werkes". Er behauptet, daß nur die zweite Gefahrart in § 644 BGB behandelt wird. Bei der ersten kämen dagegen die bei gegenseitigen Verträgen geltenden allgemeinen Grundsätze der §§ 323 ff. in Betracht (*Oertmann* zu § 644 1 b); so auch *Enneccerus-Lehmann*, S. 636 No. 4 II. Diese Ansicht läßt sich nicht begründen. Das Wort Gefahr in § 644 BGB umfaßt auch die Gefahr des Unmöglichwerdens der Leistung. Die beiden Vorschriften (§ 644 und § 323 BGB) stehen zueinander im Verhältnis von „lex specialis" zu „lex generalis". So auch *Planck-Siber*, zu § 644, 3; *Kisch*, „Unmöglichkeit der Erfüllung", S. 69.

[82] Der Besteller hat ihm nichts zu leisten, auch nichts für Auslagen. So *Dernburg*, § 319, S. 493.

seine Dienste, seine Arbeit, sondern den Erfolg seiner Arbeit, ein Werk: das Schiff. Durch die Leistung der für den Schiffsneubau erforderlichen Arbeiten wird die Werft von ihrer Schuldnerpflicht nicht befreit, bevor sie das bestellte Schiff nicht geliefert hat. Darin liegt bei dem Schiffbauvertrag an der Seite der Werft ein „zusätzliches Garantiemoment[83]. Die Erreichung des ferneren Werkerfolges wird vom Werftunternehmer verbürgt. Er gewährt eine Garantie für das Erbringen eines mangelfreien Arbeitsergebnisses. Diese Verpflichtung des Unternehmers entstammt unmittelbar dem Wesen des Werkvertrages[84], „der Unternehmer wird zur Herstellung des versprochenen Werkes verpflichtet" (§ 631 BGB). Sie ist ein Teil seiner Hauptpflicht, keine zusätzliche Gewährleistungspflicht[85]. Demgemäß hat ein Schaden am Schiffswerk als Folge einen zusätzlichen Aufwand der Werft für die Beseitigung des Schadens, ein „Nocheinmalleisten". Den Unternehmer trifft insoweit die Ersatzwerkgefahr. Diese Pflicht des Unternehmers stammt aber, wie gesagt, aus dem Wesen des Werkvertrages, aus dem Grundsatz, daß der Unternehmer keine bloße Handlung, sondern einen Erfolg schuldet. Die Regelung des § 644 BGB (Gefahrtragung) betrifft dagegen nicht die Leistungs-, sondern die Vergütungsgefahr[86]. Voraussetzung für die Verwirklichung der Vergütungsgefahr ist aber die Unmöglichkeit der geschuldeten Leistung. Ist durch den eingetretenen Schaden die Schuldnerpflicht der Werft unerfüllbar geworden, so kommt nicht die Ersatzwerk-, sondern die Vergütungsgefahr in Betracht. Es steht also fest, daß unter entsprechenden Umständen beide Gefahrsarten auftauchen können[87]. Bleibt die Ausführung des bedungenen Werkes nach dem Eintritt des Schadens noch möglich, so tritt die Ersatzwerkgefahr auf. Wurde dagegen das Bauwerk in solchem Umfang beschädigt, daß die Leistungserfüllung als unmöglich angesehen werden kann, so wird der Unternehmer von seiner Herstellungspflicht befreit mit der gleichzeitigen Folge, daß er seinen Lohnanspruch verliert, — Vergütungsgefahr — (vorbehaltlich der Nichtanwendung der Bestimmungen über stellvertretendes commodum § 323 II BGB). Die Frage, welche der beiden Gefahrsarten den Unternehmer trifft, ist also von dem weiteren Problem abhängig, ob und unter welchen Umständen die Herstellungsleistung unmöglich werden kann.

Eine Unmöglichkeit der Leistung kann zunächst nur bei einer Speziesschuld eintreten (genus non perit). Das heißt für unseren Fall, die Proble-

---

[83] *Esser,* S. 606.

[84] So auch *Dochnahl,* Jher. Jb. 48, S. 302.

[85] S. *Esser,* S. 601, § 134 A 2.

[86] So *Esser,* S. 606; *Larenz,* II, § 49 III, *Oertmann,* zu § 644, 3; *Lotmar,* S. 596.

[87] Vgl. *Riezler,* § 21 II A, S. 144 f.; auch *Crome,* II § 268, S. 696.

matik der Vergütungsgefahr kann in dem Fall auftreten, in dem die Schiffbauleistung als Speziesleistung anzusehen ist. Wird dagegen angenommen, daß die Schiffbauschuld eine Gattungsschuld darstellt, so kann nur die Ersatzwerkgefahr in Erscheinung treten. Der Unternehmer wird, soweit die Leistung aus der Gattung möglich ist, von seiner Leistungspflicht durch einen Zufallsschaden nie befreit (§ 279 BGB).

Das Thema der Art der vom Werftunternehmer getragenen Gefahr läßt sich also auf folgende Frage reduzieren: ist die von der Werft geschuldete Bauleistung auf Grund der bei der „construction à forfait" auftretenden Gegebenheiten eine Gattungs- oder eine Stückschuld?

c) Spezies- oder Gattungsschuld?

Bei den Gattungsschulden wird der Leistungsgegenstand nur der Gattung nach, d. h. nur nach seinen allgemeinen Merkmalen bestimmt. Die individuellen Unterschiede zwischen den in dieselbe Kategorie gehörenden Leistungsgegenständen kommen nicht in Betracht. Bei den Speziesschulden ist dagegen die Leistung nach konkreten, qualitativen Merkmalen bestimmt. Es gibt keine Unbestimmtheit in der Vorstellung des Leistungsgegenstandes bei den Kontrahenten.

Wenn man nun den Leistungsgegenstand des Schiffbauvertrages in dieser Hinsicht prüft, kann man feststellen, daß er niemals von den beteiligten Parteien nur den allgemeinen Merkmalen nach bestimmt ist[88]. Im Gegenteil, durch den Schiffbauvertrag wird jede geringste Einzelheit der Schiffsleistung mit pedantischer Ausführlichkeit beschrieben. Es kann keine Unbestimmtheit des Leistungsgegenstandes bestehen. Vom Anfang der Konstruktion an bis zu ihrer Vollendung und auch vorher, wenn das Schiff nur auf den Entwürfen steht, trägt es als Bauobjekt eine eigene Baunummer. Gegenstand der geschuldeten Leistung macht nicht „ein Schiff" aus, sondern das konkrete, sich im Bau befindliche Schiff mit der bestimmten Nummer. Der Besteller verfolgt den ganzen Verlauf der Konstruktion seines Schiffes durch die Baubeaufsichtiger. Die Werft hat kein jus variandi hinsichtlich der geschuldeten Leistung, sie schuldet die unter Bauaufsicht stehende Schiffsleistung mit der bestimmten Nummer. Es ist daher zu folgern, daß die Schuld des Werftunternehmens bei dem Schiffbauvertrag (der Regel nach)[89] eine Speziesschuld ist[90].

---

[88] Wie vorstehend dargelegt, schuldet der Unternehmer bei einem Schiffsbauvertrag nicht eine Leistungshandlung, die Schiffsherstellung, sondern einen Enderfolg, das fertige Schiff (zu dem *Esser*, § 30, 4, S. 96). Man sollte also als Leistungsgegenstand der Werft nicht die Herstellung als solche betrachten, sondern den Erfolg der Herstellung: das Schiff.

[89] Ob eine Gattungs- oder Stückschuld vorliegt, entscheidet letzten Endes der Wille der Vertragspartner, darum kann man diese Regel nicht verallgemeinern.

[90] So auch *Tsirintanis*, in EPMAK, S. 40.

Mit dieser Ansicht stimmt *Wüstendörfer* nicht überein[91]. Er vertritt die Auffassung, daß die Schiffbauschulr ein Mischungsverhältnis von Speziesschuld und Gattungsschuld darstelle; eine Schuld, die in sich sowohl das „Gattungsmäßige" als auch das „Speziesmäßige" beinhalte. Bei diesem Mischungsverhältnis befinde sich das Gattungs- und Specieselement nicht in einem Gleichgewichtsverhältnis. Das Gewicht werde während der Konstruktion und dem Verlauf der Arbeit gemäß vom Gattungs- zum Specieselement übertragen. Am Anfang des Baus handele es sich um eine „hinkende Gattungsschuld", d. h. um eine Gattungsschuld, die in sich auch Merkmale der Speziesschulden enthalte. Während des Baus bekomme diese hinkende Gattungsschuld noch gewisse Merkmale der Speziesschuld, so daß am Ende des Baus die hinkende Gattungsschuld sich zu einer „hinkenden Speziesschuld" gewandelt habe. Der Zeitpunkt, in dem sich diese Wandlung vollziehe, sei der Stapellauf.

Diese theoretische Konstruktion von *Wüstendörfer* liefert — abgesehen von der Frage, ob sie den in der Praxis geltenden Gegebenheiten entspricht — eine praktikable Lösung zum Problem: welche Gefahrsart der Werftunternehmer trägt: Vor dem Stapellauf Ersatzbaugefahr, hinterher (zunächst) Vergütungsgefahr.

Diese Theorie kann heute keinen Beifall finden[92]. Eine Umwandlung der Gattungs- zur Speziesschuld findet unter keinen Umständen statt, nicht einmal durch die Konzentrierung der Leistung. Die Konzentrierung hebt lediglich die Unbestimmtheit der geschuldeten Leistung auf, sie beeinflußt nicht ihre juristische Beschaffenheit. Die insbesondere in Deutschland gelehrte Theorie der Schuldwandlung (Transmutationstheorie) ist nicht zu bejahen[93].

Der Schiffbauvertrag begründet eine Speziesschuld. Die Schiffbauleistung kann hiernach unmöglich werden und den Eintritt der Vergütungsgefahr für den Unternehmer herbeiführen. Das soll aber nicht heißen, daß jeder eintretende Schaden die Ausführung des Schiffbauwerkes unmöglich macht. Unmöglichkeit liegt nur dann vor, wenn die Ausführung

---

[91] *Wüstendörfer*, a. a. O., S. 57 ff.

[92] Vgl. *Kisch*, Gattungsschuld und Wahlschuld, S. 54, Anm. 3 und S. 12 f.; „Es kann daher eine Schuld auch nicht mehr oder minder Spezies- oder Gattungsschuld sein. Es gibt zwischen beiden keine Mittelstufe. Es gibt zwischen ihnen keine Mischung"; auch *Oertmann*, zu § 243, 1 a, „Eine Gattung, die zugleich Spezies wäre, ist ein Unding".

[93] Ausführlich darüber Breit, S. 114 f., 149 ff.; so auch *Tsirintanis*, in EPMAK Art. 289, No. 9, S. 46; der Meinung dagegen, daß die Konzentration eine Wandlung der Schuld herbeiführt, sind: *Larenz*, I, S. 132, *Goerke*, in Ermans Handkommentar zum Bürgerlichen Gesetzbuch § 243, 6; *Siber*, § 6, I, 3, S. 21; *Möller*, Schuldrecht, S. 11; so auch RG 69, 409.

des Vertrages nach dem Vertragsschluß entweder für jedermann aus tatsächlichen oder rechtlichen Gründen unrealisierbar geworden ist (objektive Unmöglichkeit) oder wenn sie für den bestimmten Schuldner (Werftunternehmer) nicht durchführbar ist (subjektive Unmöglichkeit oder Unvermögen)[94]. Die Folge des Unmöglichwerdens der Schiffsleistung ist das Freiwerden des Werftunternehmers (§§ 275 I, 644 I 1 BGB); das bedeutet den Eintritt der Leistungsgefahr für den Besteller und den der Vergütungsgefahr für den Werftunternehmer. Bleibt dagegen die Ausführung des Werkes trotz des Schadenseintritts möglich, so schuldet der Werftunternehmer weiterhin die vereinbarte Schiffbauleistung (Leistungsgefahr).

Die Befreiung des Schuldners von seiner Leistungspflicht kann aber nach der herrschenden Ansicht nicht nur durch das Unmöglichwerden, sondern auch durch das Unzumutbarwerden der Leistung eintreten[95]. Die Unzumutbarkeit der Leistung wird unter bestimmten Voraussetzungen wie die Unmöglichkeit behandelt. Die Schiffbauleistung ist unzumutbar, wenn das Verlangen der Ausführung des Schiffbaus auf Grund außergewöhnlicher und unvorhersehbar eingetretener Umstände (z. B. besondere wirtschaftliche Schwierigkeiten oder Wegfall der Geschäftsgrundlage) gegen das Gebot von „Treu und Glauben" verstößt (unzulässige Rechtsausübung des Forderungsrechts des Bestellers)[96]. Die unzumutbare Leistung wird hier der unmöglichen gleichgestellt. Die Vergütungsgefahr, in Gestalt des Verlustes des Vergütungsanspruchs, tritt also für den Werftunternehmer nicht nur dann ein, wenn die Ausführung des Schiffswerkes unmöglich wurde, sondern auch wenn sie unter den genannten Umständen dem Werftunternehmer nicht zuzumuten ist[97].

Es ist weiter zu untersuchen, in welchen Fällen eine zufällige Beeinträchtigung des Schiffswerkes den Eintritt der Vergütungsgefahr oder den der Ersatzwerkgefahr des Werftunternehmers bedeutet, mit anderen Worten, wann eine Unausführbarkeit des Schiffbauvertrages gegeben ist.

---

[94] § 275 II BGB.

[95] Diese namentlich von *Enneccerus-Lehmann,* in der Auflage von 1958, § 46 I (siehe auch *Heck,* 85 ff.) verfochtene Lehre ist allerdings nicht ohne Bedenken anzunehmen (s. *Larenz,* I, S. 245 f.; *Titze,* 107 Anm. 1; *Kress,* A 179 f.; *Nikisch,* 91; vgl. auch RG 50, 257; 65, 188; 99, 259; 100, 130). Sie ist jedoch als herrschend anzusehen, insofern als sie von der Rechtsprechung stets befolgt wird. RG 88, 172; 89, 206; 90, 105; 92, 87; 100, 264; 105, 388; 107, 157: vgl. auch *Siebert,* bei Soergel-Siebert, § 242 Bem. 31, *Larenz,* I, S. 245.

[96] Näheres darüber *Siebert,* bei Soergel-Siebert, § 242 Bem. 29, 30, 31, 230, 231; *Esser,* § 34, 7, 9, § 86; *Larenz,* I, S. 112 ff., 244 ff.; desselben auch besonderer Teil § 49 III; *Enneccerus-Lehmann,* § 46 I, in der Aufl. von 1958.

[97] So auch *Wüstendörfer,* Tatsachen und Normen, S. 45 ff.

Mit Recht bemerkt hier unteren anderen auch *Dochnahl*[98], daß das geschuldete Werk stets bis zur Ablieferung ersetzbar ist, daß die Vernichtung des Werkes, obwohl es eine Spezies ist, die Ausführung des Werkvertrages nicht unmöglich macht. „Das untergegangene Werk bildet ja nicht das Objekt des Vertrages". Diese Regelung ist der Ausfluß der besprochenen Garantiefunktion des Werkvertrages. Geschuldet wird ein Werkerfolg; der Unternehmer hat für die Lieferungsmöglichkeit des geschuldeten Werkerfolges einzustehen. Die Vernichtung des Werkes an sich führt nicht die Unmöglichkeit der Erfüllung der Unternehmerpflicht herbei. Der Regel nach bleibt der Unternehmer nach dem Schadensereignis imstande, das Werk wieder neu zu erstellen. Der Besteller kann die Neuherstellung oder die Beseitigung des Mangels verlangen[99]. Man sollte also annehmen, daß der Eintrittsbereich der Vergütungsgefahr insofern sehr beschränkt ist, als durch die Vernichtung des Werkes zunächst keine Unmöglichkeit der Leistung eintritt und eine Unzumutbarkeit der Leistung außergewöhnliche Umstände voraussetzt. Der Regel nach bedeutet also die Beschädigung des Werkes für den Unternehmer die Realisierung der Ersatzwerkgefahr; seine Leistungspflicht dauert fort[100]. Nur wenn die besonderen Voraussetzungen der Unmöglichkeit oder Unzumutbarkeit der Leistung vorhanden sind, wird der Unternehmer von seiner Leistungspflicht befreit.

Letzten Endes entscheidet aber der Wille der kontrahierenden Parteien, welche Art von Gefahr der Unternehmer trägt. Die Möglichkeit eines Schadensereignisses wird oft im Schiffbauvertrag besonders berücksichtigt, und seine Folgen werden vertragsgemäß zwischen den beteiligten Parteien aufgeteilt. So kann vereinbart werden, daß jeden zufälligen Schaden am Schiffbauobjekt der Werkunternehmer vergütungslos zu beseitigen hat, bis er das fertige Schiff abliefert (stets Ersatzwerkgefahr beim Unternehmer); oder daß die Werft sich das Recht vorbehält, bei Eintritt eines *wesentlichen* Schadens sich von ihrer Leistungspflicht frei zu erklären, womit sie auf ihren Vergütungsanspruch verzichtet (Vergütungsgefahr beim Unternehmer). Nach der oben dargelegten Anschauung von *Dochnahl* wird die Ausführung eines Werkvertrages durch die Vernichtung des Werkes nicht unmöglich, weil das konkrete untergegangene Werk nicht das Objekt des Werkvertrages ausmachte. Der geschuldete Werkerfolg ist bis zur Ablieferung ersetzbar. Diese Regelung gilt aber nur insoweit, als der Wille der kontrahierenden Parteien ihr nicht entgegensteht. Wenn aus dem Wortlaut des Werkvertrages hervorgeht, daß die Parteien eine

---

[98] *Dochnahl*, Jher. Jb. 48, S. 245; vgl. auch *Wüstendörfer*, a. a. O., S. 45.

[99] Vgl. § 633 II 1 BGB.

[100] Vgl. *Oertmann*, zu § 644 II, S. 745 f.; desselben auch „Der Zufall bei der Werkverdingung" S. 59; *Rümelin*, S. 78; *Larenz*, II, § 49 III; *Esser*, S. 211, 606.

bestimmte Sache als Objekt des Vertrages, als geschuldeten Erfolg, angesehen haben, so heißt es, daß nur bei Ablieferung dieses Gegenstandes die Bewirkung der geschuldeten Leistung erfolgt. Das Vertragsinteresse der Parteien ist auf die bestimmte Sache konzentriert. Der geschuldete Erfolg ist unersetzbar. Geht die konkrete Sache unter, so kann der Vertrag nicht mehr ausgeführt werden; die Erfüllung der Leistungspflicht des Unternehmers wurde unmöglich. Durch die genaue Bestimmung also des geschuldeten Arbeitsergebnisses von den beteiligten Parteien auf Grund von individuellen und nicht gattungsmäßigen Merkmalen rückt die Vergütungsgefahr des Unternehmers in den Vordergrund. Eine Vernichtung des Werkes macht das Erbringen der Werkleistung unmöglich, sie befreit den Unternehmer von der Ersatzwerkgefahr. Typisches Beispiel eines Werkvertrages, in dem der geschuldete Arbeitserfolg vollkommen auf eine bestimmte Sache konkretisiert ist, stellt der Schiffbauvertrag dar. Die besonderen Abreden über die Baubeaufsichtigung und über die Baunummer des Schiffsneuwerkes haben die genaue Bestimmung und Konkretisierung des geschuldeten Schiffswerkes zur Folge. Der Gegenstand der Schiffbauleistung ist also mittelbar durch den Willen der Parteien als unersetzbar erklärt. Es wird von der Werft nicht ein Schiff von gewisser Größe und Qualität geschuldet, sondern das Schiff X mit dem gewissen Namen oder die bestimmte Nummer. Wenn dieses Schiffsobjekt zugrunde geht, dann schuldet die Werft keine Schiffbauleistung mehr[101]. Der Werftunternehmer kann freilich, soweit die Werftanlagen bei dem Schaden unversehrt geblieben sind, imstande sein, das beschädigte Bauobjekt auszubessern oder an seiner Stelle ein neues herzustellen. Es wird sich aber nicht mehr um das Schiff X handeln, sondern um ein anderes mit denselben grundsätzlichen Eigenschaften[102]. Der Leistungsgegenstand ist aber vermöge des Schiffbauvertrages auf das bestimmte Objekt beschränkt. Geht dieses unersetzbare Objekt unter, so ist die konkrete geschuldete Werkleistung unmöglich geworden.

Die Schiffbauschuld ist, wie erwähnt, eine Speziesschuld, daher kann sie unmöglich werden. Der Wortlaut des Schiffbauvertrages bestimmt aber (der Regel nach) nicht nur, daß die Schiffbauleistung eine Spezies ist, sondern auch daß sie unersetzbar ist, daß die Werft nur das Schiff X schuldet. Daher kann die Schiffbauleistung nicht nur unmöglich werden,

---

[101] In einem englischen Schiffbauvertrag heißt es charakteristisch: „... appears to us ... that he (der Besteller) is entitled to insist upon the completion of that *very ship*, and that the builder is not entitled to require him to accept any other."

[102] Beim Untergang des Schiffbauwerkes wird auch die Eintragung des Neubaus in das Schiffbauregister gelöscht, § 73 SchRO vom Mai 1951.

sondern sie wird auch regelmäßig unmöglich, wenn ein wesentlicher Schaden das Schiffswerk trifft.

Nur dann ist die Werft nicht berechtigt, ihre Schiffsleistung als unmöglich zu betrachten, wenn das eingetretene Zufallsereignis dem Schiffswerk einen verhältnismäßig unwesentlichen Schaden herbeigeführt hat. Ob ein Schaden als „wesentlich" anzusehen ist, kann nur im konkreten Fall gemäß den Vertragsinteressen der Parteien beurteilt werden. Geht das Bauwerk unter, wenn die Werft erst eine relativ geringe Arbeit geleistet hat, z. B. kurz nach der Kiellegung, so wird die Werft nicht behaupten können, daß die Ausführung des Werkes durch den Schaden unmöglich wurde[103]. Eine solche Behauptung würde gegen die Grundsätze von „Treu und Glauben" verstoßen. Der Unternehmer ist berechtigt, bei Untergang des Werkes nur insoweit seine Verpflichtung als unerfüllbar zu betrachten, als die Ausübung dieses Rechtes keinen Rechtsmißbrauch darstellt. Einen Rechtsmißbrauch würde diese Rechtsausübung in dem Falle darstellen, in dem der Wert des zerstörten Werkes im Vergleich zum Werte des vollendeten Schiffes bedeutend geringer ist. Maßstab der Ausübungstragweite dieses Rechtes soll die Abwägung der vertraglichen Interessen der Kontrahenten sein, d. h. der Unternehmer ist berechtigt, sich insoweit nach dem Eintritt des Schadens von seiner Leistungspflicht für entbunden zu halten, als das Ausmaß des Schadens, den der Besteller durch diese Regelung erleiden wird, im Vergleich zu demjenigen, den der Unternehmer durch die Neuherstellung des Werkes hätte, bedeutend geringer sein würde[104].

Zusammenfassend darf also gefolgert werden, daß der Werftunternehmer auf Grund besonderer Abrede im Schiffbauvertrag primär die Vergütungsgefahr und nicht die Ersatzwerkgefahr trägt. Der Eintritt eines Schadens am Bauobjekt bedeutet für ihn den Verlust seiner Vergütungsforderung. Nur dann wird der Schaden einen Mehraufwand für seine Beseitigung zur Folge haben (Ersatzwerkgefahr), wenn das vernichtete Werk oder Teilwerk keinen bedeutsamen Wert im Verhältnis zum Wert des fertigen Schiffes darstellt.

d) Beschränkte Vergütungsgefahrbelastung des Werftunternehmers

Tritt nach einem Schadensereignis der Regel nach die Vergütungsgefahr für den Werftunternehmer ein, so verliert er, wie erwähnt, seinen Lohn-

---

[103] Es ist noch zu bemerken, daß die Vernichtung des für den konkreten Schiffbau bestimmten Gattungsmaterials niemals eine Befreiung der Werft von ihrer Leistungspflicht herbeiführt. Vgl. *Goldschmidt*, S. 365; auch *Lotmar*, S. 597.

[104] Von besonderer Bedeutung könnten bei der Interessenwägung der Parteien noch Verpflichtungen der Werft aus sonstigen Schiffbauaufträgen sein.

anspruch. Das hat zur Folge, daß der Unternehmer sowohl für den Wert der auf den untergegangenen Leistungsgegenstand verwendeten Materialien als auch für die Kosten der geleisteten Arbeit allein gerade zu stehen hat. Wenn man dazu den Teil der nicht erhaltenen Vergütung, der den Gewinn der Werft ausmacht, in Betracht zieht (entgangener Gewinn), so hat man eine Vorstellung vom Umfang des Schadens, den der Werftunternehmer allein erleidet. Es steht daher fest, daß der Unternehmer sich in einer relativ harten Rechtslage befindet.

Die Schiffbauleistung ist keine teilbare Leistung; eine teilweise Vertragserfüllung kommt nicht in Frage. Beim Untergang des Leistungsobjektes büßt der Unternehmer, wie erwähnt, den Baupreis in voller Höhe ein. Diese Härte des Gesetzes versucht *Rümelins* „Werttheorie" zu mildern[105]. Nach dieser soll der Unternehmer für einen durch seine Arbeit erreichten Erfolg insoweit entlohnt werden, als der Erfolg den aus dem Vertrag resultierenden Interessen des Bestellers, wenn auch nur teilweise, dient. Diese teleologisch ausgerichtete Lehre ist mit dem Geiste des Gesetzes durchaus vereinbar: vergütet soll nur ein für den Besteller nützlicher Arbeitserfolg werden[106]. Maßstab der Höhe der Teilvergütung soll die Wägung des Interesses des Bestellers ausmachen, nicht die Höhe des Schadens des Unternehmers. Die Entrichtung der Teilbelohnung ist kein kombinierter Schadensersatz; sie behält ihren Entgeltscharakter[107]. Sollte also die Werft in Konkurs geraten sein, und bleibt dadurch die Vollendung des Schiffbaues unrealisierbar, so dürfte das halbfertige Schiff einen Wert für den Besteller darstellen, insofern als er es evtl. nach einer anderen Werft transportieren und dort innerhalb eines angemessenen Zeitraumes fertigstellen lassen könnte. Hier wäre der Besteller zur Entrichtung einer Teilvergütung dem Wert entsprechend, den die Teilleistung für ihn darstellt, verpflichtet.

Die genannte Schroffheit des Gesetzes hat auf einem anderen Wege die ebenfalls von *Rümelin* verfochtene „Betriebssphärentheorie" aus der Welt zu schaffen versucht. Hierdurch sollen die Gefahren, die in die Betriebssphäre des Bestellers gehören, sich nicht zu Lasten des Unternehmers auswirken. Der Unternehmer trägt nur die Gefahren der „Unternehmung",

---

[105] *Rümelin*, S. 84 ff.

[106] S. *Wüstendörfer*, a.a.O., S. 42 f.; auch *Oertmann*, zu § 644, S. 743: „... Die Teilvergütung läßt sich aus der Proportion errechnen:

$$\frac{\text{Wert des Restwerkes}}{\text{Wert des Gesamtwerkes}} = \frac{x}{\text{Gesamtlohn}}$$

abweichend *Lotmar*, II, S. 597.

[107] Anders freilich § 645 BGB.

nicht des „Werkes". Diese Lehre wurde von der herrschenden Ansicht nicht akzeptiert[108]. Für den Fall des Schiffbaus entbehrt sie jedenfalls insofern praktischer Bedeutung, als jede Möglichkeit von Verbindung der Betriebssphäre des Bestellers mit der Konstruktion des Schiffes durch § 645 BGB, geregelt ist[109]. Danach hat der Besteller einen der geleisteten Arbeit entsprechenden Teil der Vergütung und Ersatz für die in der Vergütung nicht inbegriffenen Auslagen zu leisten, wenn die entstandene Verschlechterung oder Unausführbarkeit des Werkes auf eine von ihm erteilte Anweisung oder einen Mangel des von ihm gelieferten Stoffes zurückzuführen ist.

Sind die Voraussetzungen von § 645 BGB gegeben, so trägt wiederum der Unternehmer die Vergütungsgefahr nur in beschränktem Umfang.

Es steht also fest, daß, soweit die Werttheorie in einem entsprechenden Fall Anwendung finden kann oder die Voraussetzungen von § 645 BGB vorhanden sind, die Vergütungsgefahrtragung des Unternehmers nur in beschränktem Maß auftritt. Diese Tatsache hat eine unmittelbare Wirkung auf die Versicherungsdeckung des durch die Vergütungsgefahr gefährdeten versicherten Interesses des Unternehmers [S. Kap. B I 3 a) aa)].

3. Versicherte Interessen

a) Interessen des Werftunternehmers

Durch die Entstehung eines Schadens am Schiffbauwerk werden, nach dem oben Ausgeführten, in erster Linie Interessen des Werftunternehmers beeinträchtigt. Als Versicherungsnehmer und Versicherter kommt also bei der Versicherung der Schiffbaurisiken hauptsächlich der Werftunternehmer vor[110]. Die ökonomischen Interessen der Werft, die mit dem Schiffbau in Zusammenhang stehen und folglich bei einer etwaigen Beeinträchtigung des Schiffbaues unmittelbar gefährdet sind, sind zahlreich. Die Hauptinteressen der Werft sind: erstens das auf den Erhalt der Vergütungssumme gerichtete Forderungsinteresse und zweitens das Sachersatzinteresse, durch dessen Versicherungsdeckung der Ausgleich eines, auf Grund des Eintritts der Ersatzwerkgefahr, geschuldeten Zusatzaufwandes für die Ausbesserung bzw. Neuherstellung des Schiffes, bezweckt wird. Nichtsdestoweniger ist aber dem Werftunternehmer auch der Versicherungsschutz sonstiger, im weiteren darzulegenden Interessen von Bedeutung.

---

[108] Vgl. dazu *Planck-Siber*, zu § 644, 2 a), S. 1080; *Enneccerus*, zu § 373 Anm. 7, S. 469; anders aber *Enneccerus-Lehmann*, in der Aufl. von 1958, Bd. II. § 153 II 3, S. 658.

[109] Vgl. *Wüstendörfer*, a.a.O., S. 43 f.

[110] So auch *Dover*, S. 334.

aa) Das Forderungs- und das Sachwertinteresse

Das Eigentum an dem bestellten Fahrzeug wird regelmäßig dem Besteller erst bei der Lieferung des vollendeten Schiffes übertragen[111]. Bis dahin hat es der Unternehmer. Tritt ein Schaden vor der Vollendung des Baues an dem Schiffbauobjekt auf, so erfährt das Sachenrecht des Unternehmers eine Beeinträchtigung. Das aus diesem dinglichen Recht stammende Sachwertinteresse kann daher der Unternehmer unter Versicherungsschutz bringen. Es stellt ein versicherbares Interesse dar[112].

Wie bereits erwähnt, hat aber der Unternehmer darüberhinaus ein Interesse zur Wahrung seines Lohnanspruches. Es wird hierbei vorausgesetzt, daß der Unternehmer die Preisgefahr trägt. Die Beschädigung des Schiffswerkes führt oft das Unmöglichwerden der Schiffbauleistung und die Befreiung des Bestellers von seiner Vergütungspflicht herbei[113]. Der Eintritt des Schadens hat den Verlust des Vergütungsanspruchs des Unternehmers zur Folge. Gefährdet wird also nicht nur das Eigentumsrecht des Werftunternehmers, sondern auch seine Forderung auf Vergütung, bzw. sein Vergütungsinteresse[114].

Beide Interessen sind für den Werftunternehmer bei jedem Schiffbauvertrag in der Form der „construction à forfait" gegeben[115]. Beide können unter Versicherungsschutz gebracht werden, jedoch nicht kumulativ. Wenn der Unternehmer beim Eintritt des Versicherungsfalles sowohl für den Sachschaden als auch für den Verlust seines Entlohnungsanspruches entschädigt wird, dann wird seine Lage nach dem Eintritt der Gefahr erheblich günstiger als die, in der er sich vor dem Eintritt des Schadensereignisses befand. Das würde offenbar dem Grundsatz des Bereicherungsverbotes zuwiderlaufen.

Durch den Schiffbauversicherungsvertrag kann nur eines der erwähnten Interessen geschützt werden; entweder das Sachwert- oder das Forderungsinteresse. Welches von beiden jeweils geschützt wird, obliegt dem Willen der Kontrahenten. Der Unternehmer kann nach Belieben entweder das Sachwertinteresse oder das Forderungsinteresse unter Versicherung bringen. Der Wille der Vertragspartner ist aber nicht immer klar zu durchschauen. Das versicherte Interesse wird in Versicherungsverträgen selten wörtlich genannt. Es ist allerdings auch möglich, daß es unrichtig

---

[111] S. Kap. B I 3 c).

[112] So *Bruck-Möller*, Bd. II, § 49 Anm. 105.

[113] Der Fall, daß der Werftunternehmer die Leistungsgefahr trägt, wird weiter unten behandelt.

[114] Vgl. *Bruck-Möller*, Bd. II, § 49 Anm. 104.

[115] Abgesehen vom Sonderfalle, wo das Eigentum vor der Vollendung des Schiffes dem Besteller übertragen wurde. S. Kap. B I 3 c).

bezeichnet wird (§ 1 Abs. 3 ADS). In diesen Fällen muß der Parteiwille durch Auslegung des Versicherungsvertrages unter Heranziehung der Anschauungen und Übungen des Versicherungsverkehrs ermittelt werden.

Wenn man einen Schiffbauversicherungsvertrag, in dem das versicherte Interesse nicht ausdrücklich von den Parteien bezeichnet wurde, betrachtet, sollte man einsehen, daß der Schaden, der tatsächlich dem Vermögen des Versicherten zugefügt werden kann und den der Versicherer zu erstatten hat, nicht in dem Sachwert besteht, der durch das Schadensereignis untergeht, sondern in dem Schaden, den der Unternehmer durch den auf Grund des Sachschadens eintretenden Verlust seines Lohnanspruches erleidet. Das Schiffbauobjekt befindet sich nur vorübergehend im Vermögen des Unternehmers. Einziger Grund seines Daseins ist seine vorhergesehene Veräußerung, genauer: die Erlangung der Vergütung. Der Zuwachs des Sachwertes des Schiffbaus beeinflußt den Bestand des Vermögens des Werftunternehmers nur in mittelbarer Weise, insofern als dadurch der Erhalt der Vergütung ermöglicht wird. Ein Schaden am Bauobjekt wird für den Unternehmer nicht so sehr als eine Verringerung seines vorhandenen Sachvermögens betrachtet, sondern vielmehr als eine Verhinderung seiner Vermehrung. Die Vergütung ist die Triebfeder der geschäftlichen Aktivität des Unternehmers; sie macht den Maßstab seines Gewinnes und seines wirtschaftlichen Interesses aus. Jeder Schaden am Bauobjekt wird für den Unternehmer auf Grund des Verlustes oder der Minderung des Betrages seiner Vergütung geschätzt. Dem Recht des Unternehmers, die Entrichtung dieser Vergütung zu verlangen, drohen die Gefahren des Schiffbaus[116].

Es ist hierbei stets die Tatsache vor Augen zu halten, daß das Vergütungsinteresse des Unternehmers nur insoweit in Erscheinung tritt, als der Unternehmer die Preisgefahr trägt. Trägt er die Leistungsgefahr, d. h. wird er bei Werksbeschädigung zur Wiederherstellung verpflichtet, so tritt für die Abschätzung des erlittenen Schadens nicht der Wert der Vergütung in den Vordergrund, sondern der Wert des erforderlichen Mehraufwandes. Nicht das Vergütungs- sondern das Sachersatzinteresse des Unternehmers wird in diesem Falle beeinträchtigt.

Die Art der vom Unternehmer getragenen Gefahr bestimmt auch die Art seines durch die Gefahren des Schiffbaus gefährdeten Interesses. Im vorliegenden Abschnitt wurde als gegeben angenommen, daß der Unternehmer die Preisgefahr trägt, was auch den Regelfall bildet[117]. Gefährdet wird also hier der Vergütungsanspruch des Werftunternehmers. Diesen Anspruch bezweckt er durch die Schiffbauversicherung zu schützen, in ihm verkörpert sich der Wert seines Interesses und durch ihn wird sein ver-

---

[116] Vgl. RG LZ 1917, Sp. 208; dazu auch *Bischoff*, VersR 1963, S. 14.

[117] Über das Sachersatzinteresse des Werftunternehmers siehe weiter unten bb).

sichertes Interesse vermittelt[118]. Tritt ein Schaden ein, so wird der Unternehmer nicht für die Minderung am Sachwert des Schiffwerkes entschädigt, sondern für die schädliche Wirkung dieser Minderung auf das Schicksal seines Entlohnungsrechtes. Das Schiffsobjekt spielt als Deckungsgegenstand der versicherten Forderung nur eine klausale Mittlerrolle.

Anderer Ansicht für den ähnlichen Fall der Bauwesenversicherung ist *Wussow*[119]. Dieser sieht im Interesse des Bauunternehmers grundsätzlich ein Sachwertinteresse[120]. Bei dieser Behandlung des Interesses des Unternehmers legt *Wussow* die Unterscheidung zwischen Vergütungs- und Ersatzwerkgefahr nicht zugrunde. Er interpretiert den § 644 BGB so, als ob er dem Unternehmer zunächst die Ersatzbaugefahr auferlegte. So sagt er[121]: „Das Interesse des Unternehmers an der Erhaltung der Bauleistung ergibt sich vielmehr aus der Gefahrtragungsregelung des § 644 BGB. Zufällige Beschädigung oder Zerstörung der Bauleistung vor der Abnahme läßt die beiderseitigen Verpflichtungen aus dem Werkvertrag unberührt". Ebenda erwähnt er indessen: „Das Interesse des Unternehmers an der Sacherhaltung ist daher gleichbedeutend mit seinem Vergütungsinteresse aus dem Bauvertrag". Das stimmt aber nur insoweit, als der Unternehmer die Vergütungsgefahr trägt. Trägt er dagegen die Ersatzwerkgefahr, so ist sein Interesse an der Sacherhaltung nicht seinem Vergütungsinteresse, sondern seinem Sachersatzinteresse gleichbedeutend. Dies heißt, daß ein Schaden am Bauobjekt, während der Unternehmer die Ersatzbaugefahr trägt, als eine zusätzliche Auslage, nämlich die der Schadensbeseitigung, und nicht als ein Entgeltverlust angerechnet wird. Im Ergebnis weiß man nicht, wann der Verfasser eine Ersatzwerk- und wann er eine Vergütungsgefahr im Auge hat. Der Auftritt der einen oder der anderen Gefahrsart läßt aber völlig verschiedene versicherungsrechtliche Normen in Betracht kommen. Daher sollte die Unterscheidung zwischen den beiden Gefahrsarten bei der versicherungsrechtlichen Behandlung jedes Werk-

---

[118] So ausdrücklich auch *Bischoff*, VersR 1963, S. 14. „Sie beinhaltet also primär ein Forderungs- und kein Sachwertinteresse"; siehe auch derselbe ZVersWiss. 1963, S. 204 f.

[119] *Wussow*, VersR 1964, S. 570 ff.

[120] Dagegen *Bischoff*, ZVersWiss. 1963, S. 205 u. f. „Innerhalb dieser Bauleistung will der Unternehmer die aus der VOB für ihn resultierenden Forderungs- und Passivinteressen als seine eigene schützen"; so auch *Sieg*, BetrBer. 1964, S. 18. „Bei der Bauwesenversicherung des Unternehmers ist also dessen Vergütungsanspruch gedeckt, weshalb sich diese Versicherung in Wahrheit einer Forderungsversicherung nähert". Vgl. auch *Bruck-Möller*, Bd. II, § 49 Anm. 75 „Dieses Nocheinmalleistenmüssen zwecks Herstellung des geschuldeten Bauerfolges stellt sich als Vertragshaftung dar, die Bauwesenversicherung gehört insoweit dogmatisch zur Haftpflichtversicherung".

[121] VersR 1964, S. 572, III, b.

vertrages stets zugrunde gelegt werden und den Ausgangspunkt für die Erörterung der dabei auftauchenden versicherten Interessen der Parteien ausmachen.

Weiter geht *Wussow* für die Unterstützung seiner Behauptung davon aus, daß eine obligatorische Beziehung zwischen zwei Personen ein wirtschaftliches Interesse an der Erhaltung einer Sache begründen kann. Das ist allerdings keineswegs abzuleugnen. Ein Sacherhaltungsinteresse, das aus einer „relativen“ Rechtsbeziehung stammt, ist im Rahmen der Sachversicherung durchaus versicherbar[122]. Diese Tatsache sollte aber nicht so verstanden werden, daß durch das Sacherhaltungsinteresse die versicherungsrechtliche Bedeutung der aus dem Schuldverhältnis hervorkommenden obligatorischen Interessen überlagert wird. Aus einem Schuldverhältnis entstammt eine Vielzahl von versicherbaren obligatorischen Interessen für die beteiligten Parteien, z. B. das Interesse an dem Erhalt der vereinbarten Leistung, das Interesse zum Schutz gegen eine auf Grund des Vertrages entstehenden Haftpflicht, usw. Diese Interessen der Parteien bleiben die ursprünglichen, unmittelbar aus dem Schuldvertrag entspringenden Interessen, durch deren Versicherungsschutz das Erreichen der vertraglichen Ziele bezweckt wird. Sie sind die Hauptinteressen. Ein Sachwertinteresse hingegen, das mittelbar aus dem Schuldvertrag stammt und sich auf die Erhaltung einer bestimmten Sache bezieht, bleibt fremd im Komplex der „relativen“ Rechte und Verpflichtungen der Schuldvertragspartner, und seine Versicherungsdeckung kann daher seinem Träger nur einen beschränkten Schutz gewähren.

In dem Falle der Schiffbauversicherung steht dem Unternehmer nicht nur ein Eigentümerinteresse an der Erhaltung der Sache zu, sondern auch das formelle „Eigentumsinteresse“ insofern, als der Unternehmer der Regel nach das Eigentum an dem Schiffbauobjekt bis zur Vollendung und Übergabe des Schiffswerkes behält. Dieses Sachwertinteresse ist, wie bereits erwähnt, durchaus versicherbar. Seine Versicherbarkeit kann aber das zugrunde liegende Forderungsinteresse des Unternehmers nicht überschatten. Dieses Forderungsinteresse des Unternehmers steht im Vordergrund insofern, als es nicht lediglich auf eine Sache gerichtet ist, sondern mit Rücksicht auf die besonderen bei dem Schiffbauvertrag geltenden Gegebenheiten auf dem tatsächlich gefährdeten Interesse des Werftunternehmers beruht[123].

---

[122] Vgl. OLG Hamburg 5. 7. 1962, VersR 1963, S. 154; OLG Kolmar, LZ 1912, S. 949.

[123] So auch *Bischoff*, ZVersWiss. 63, S. 203 f. „Hier wird das eigene Interesse an der Sache überlagert von anderen, nicht mehr als unmittelbare Sachwertinteressen zu bezeichnenden Interessen, nämlich von Forderungsinteressen, die einer Gefahrtragung entspringen, oder passiven Interessen …“

Die Schiffbauversicherung gewährt also in erster Linie dem Vergütungsinteresse der Werft Versicherungsschutz. Das Sachwertinteresse tritt nur in Erscheinung, wenn es ausdrücklich von dem Versicherungsnehmer angegeben wurde. Es bleibt jedoch immer versicherbar. Besondere Beachtung sollte man dem Fall schenken, in dem das Sachwertinteresse der Werft einen höheren Wert als ihr Vergütungsinteresse hat. Diese Möglichkeit könnte im Falle einer schwankenden Konjunktur vorkommen, in der die Löhne und Materialpreise nach dem Abschluß des Schiffbauvertrages gestiegen sind, so daß der Sachwert des fertigen (oder fast fertigen) Schiffes die Vergütungssumme übertrifft. Wird hier die Forderung des Bestellers durch die Schiffslieferung getilgt, so erleidet die Werft eine Vermögenseinbuße (Verlustgeschäft). Sollte dagegen das Schiff kurz vor der Ablieferung zugrunde gehen und dadurch den Versicherungsfall verursachen, so würde der Werftunternehmer, wenn er sein Sachwertinteresse versichert hat, in voller Höhe des Sachschadens entschädigt. Er würde sich aus der ungünstigen Lage, in die er durch die Preisschwankung geraten ist, befreien. Der Eintritt des Schadens bedeutet also für ihn eine Verbesserung seiner Vermögenslage, eine „Bereicherung", Es taucht daher die Frage auf, ob der Abschluß einer Sachversicherung sich hier mit dem Bereicherungsverbot vereinbaren läßt. Prima facie sollte man annehmen, daß der Abschluß einer Sachversicherung unzulässig sei, da er nicht die Sicherung der Interessen der Werft, sondern den Zuwachs ihres Vermögens zur Folge hätte. Sollte trotzdem die genannte Versicherung für gültig angesehen werden, so hieße es, daß das Bereicherungsverbot hierdurch eine „echte Durchbrechung" erfährt, wie es auch in anderen Bereichen des Versicherungsrechtes der Fall ist (z. B. Gewinnversicherung, bei der „verbindlichen Sachverständigenfeststellung", u. s. f.)[124]. Eine nähere Betrachtung des Falles zeigt aber, daß die „Bereicherung", die der Werftunternehmer hier erfahren könnte, darin besteht, daß er gegebenenfalls eine Geldsumme (Versicherungsentschädigung) erhalten wird, die ein Äquivalent für eine ihm tatsächlich entstandene Vermögensminderung (Sachschaden) ist. In der Tat wird also der Werftunternehmer durch die Sachversicherung nicht reicher, er vermeidet nur den Eintritt eines Verlustes, den er durch die Erfüllung seiner Schuldnerpflicht erleiden würde. Für die nähere Beurteilung des Falles sollte man insbesondere beachten, was das Bereicherungsverbot genau besagt. Der eigentliche Sinn dieses Grundsatzes besteht in der Begrenzung des Umfanges des Versicherungsschadens durch die versicherte Wertbeziehung[125]. Im vorliegenden Fall übersteigt die Versicherungsentschädigung die Höhe des versicherten Sachinteresses

---

[124] Näheres bei *Möller*, Gewinnversicherung, Neuwertversicherung und Taxe, S. 9 ff.

[125] *Bruck*, PVR, S. 522; vgl. auch *Möller*, a.a.O., S. 4.

nicht. Daher kann zunächst nicht die Rede von einer „echten Durchbrechung“ des Bereicherungsverbotes sein[126]. Der hierbei behandelte Fall ähnelt eher jenem des § 844 HGB. Dieser Vorschrift gemäß bleibt der Versicherer nach dem Eintritt des Versicherungsfalles auch dann entschädigungspflichtig, wenn später ein neuer Schaden oder selbst ein Totalverlust durch eine (unversicherte) „Reserveursache“ herbeigeführt wird[127]. Auch hier ist die Lage des Versicherten nach dem Eintritt des Schadensereignisses günstiger als die, in der er sich letztlich (nach dem Eintritt der Reserveursache) befunden hätte, wenn der Versicherungsfall nicht eingetreten wäre. Nach der Ansicht des Bundesgerichtshofes wird der Grundsatz des Bereicherungsverbotes in diesem Fall nicht verletzt[128]. Das gleiche gilt auch für den hier behandelten Fall. Der versicherte Werftunternehmer kann durch die Sachversicherung keine echte Bereicherung erfahren. Es handelt sich nur um eine „scheinbare Durchbrechung“ des oben genannten Grundsatzes[129] [130]. Dabei sollte auch die Tatsache in Betracht gezogen werden, daß es sich bei der Schiffbauversicherung um eine Seeversicherung handelt[131]. In der Seeversicherung gilt, wie bekannt, insofern das Bereicherungsverbot in beschränktem Maße, als es bereits durch die „Fiktion des gleichbleibenden Versicherungswertes“ durchbrochen ist[132]. Diese Tatsache könnte als ein weiteres Argument angesehen werden, daß die Sachversicherung auch in dem fraglichen Fall zulässig ist[133].

Oft kommt es in der Praxis vor, daß der Schiffbauvertrag nachträglich kraft besonderer Klausel oder auf Grund neuer Abrede umgebildet und

---

[126] Eine echte Bereicherung des Versicherungsnehmers könnte bei einer Taxierung des Versicherungswertes eintreten, falls die Taxe übersetzt ist. Handelt es sich um eine erhebliche Übersetzung der Taxe, so kann der Versicherer die Taxe anfechten. Hier gelten die allgemeinen Regeln über die Taxierung des Versicherungswertes (§ 6 Abs. 2 ADS, § 793 Abs. 1, 2 HGB). S. dazu *Kisch*, Die Taxierung des Versicherungswertes, § 5 II, S. 42—46; *Ritter-Abraham*, S. 224 ff., § 6 Anm. 26 ff.

[127] Näheres bei *Bruck-Möller*, Bd. II, Anm. 155 zu § 49, S. 158 f.

[128] BGH v. 15. 6. 1951, BGHZ Bd. 2, S. 336—339.

[129] Dazu *Möller*, a.a.O., S. 9.

[130] Vgl. RG 4. 3. 1893 HGZ 1893, 194. „Wenn die Klägerin infolge des Unfalles mehr erhält, so hat sie dies nicht der hier fraglichen Versicherung, sondern einem Glücksfalle — der eingetretenen steigenden Conjunctur im Salpeter-Markte und ihrer Benutzung — zu verdanken. Ein ausnahmsloser Rechtssatz, daß ein Unfall in seinen tatsälichen Concequenzen niemals zu einem Glücksfalle für die Versicherten ausschlagen dürfte, besteht eben für die Seeversicherung nicht“.

[131] Darüber s. Kap. A.

[132] §§ 140 Abs. 2, 141 Abs. 1, Satz 2 VVG, §§ 70 Abs. 2, 90 Abs. 2 ADS.

[133] Vgl. dazu RG 4. 3. 1893 HGZ 1893, 194.

der Entwicklung der wirtschaftlichen Gegebenheiten des Schiffbaumarkts angepaßt wird. In diesem Fall erfolgt eine Anpassung der Vergütungssumme an die zeitliche Höhe der Herstellungskosten, so daß der Sachwert des fertigen Schiffes nur einen angemessenen Teil der gesamten Vergütungssumme darstellt (Regievertrag). Bei der Abfindung eines eingetretenen Sachschadens könnte hier also eine Durchbrechung des Bereicherungsverbotes nicht in Frage kommen. Es sollte auch beachtet werden, daß das genannte Problem nur insofern in Erscheinung treten kann, als der Werftunternehmer (wie es hier angenommen wurde) die Preisgefahr trägt. Trägt er dagegen die Leistungsgefahr, so besteht sein Verlust beim Untergang des Werkes im erforderlichen Mehraufwand für das geschuldete Ersatzwerk. Wenn also hier der entschädigte Sachwert höher als die Vergütungssumme wäre, würde die Werft trotzdem keine Bereicherung erfahren, weil sie die erhaltene Versicherungsleistung zur Neuherstellung oder Verbesserung des Schiffes verwenden müßte. Eine Verletzung des Bereicherungsverbotes kommt auch hier nicht in Frage. Das Sachwertinteresse der Werft ist also ohne weiteres stets versicherbar, wenn der Werftunternehmer die Leistungsgefahr trägt[134].

Es wird also festgehalten, daß die Versicherung des Sachwertinteresses der Werft auch in einem Fall zulässig ist, in dem das Sachwertinteresse höher als das Vergütungsinteresse ist. Gegen diese Anschauung könnte man einwenden, daß rechtspolitisch hiermit eine Erhöhung des „subjektiven Risikos“ erfolgt. Der Werftunternehmer könnte versucht sein, einen Schaden schuldhaft zu verursachen in der Absicht, einen Verlust durch die Erfüllung des Schiffbauvertrages zu vermeiden. Die Erhöhung des „subjektiven Risikos“ tritt aber als natürliche Folge bei allen (echten und scheinbaren) Durchbrechungen des Bereicherungsverbotes ein. Bei der Versicherungsdeckung des Sachinteresses der Werft sollten daher die Versicherer im Falle einer Erhöhung der Herstellungskosten des Schiffes besonders wachsam sein.

Ist das Vergütungsinteresse der Werft hier versichert, so würden alle Streitigkeiten über die Verletzung des Bereicherungsverbotes vermieden. Das Sachwertinteresse ist also immer versicherbar, stets bleibt aber das Forderungsinteresse der Werft an der Erhaltung ihrer Vergütung das im Vordergrund stehende Interesse.

Ein Sachschaden am Schiffswerk stellt insoweit keinen tatsächlichen Schaden für den Unternehmer dar, als sein Lohnanspruch dadurch nicht getroffen wurde. Der Eintritt eines Sachschadens am Schiffsobjekt, auch während der Vergütungsgefahrtragung durch den Unternehmer, braucht nicht unbedingt eine Beeinträchtigung des Entgeltanspruches des Unter-

---

[134] Darüber s. weiter Kap. B, 3 a) bb).

nehmers zu verursachen. Kommt ein solcher Fall vor, so wäre der versicherte Unternehmer nicht berechtigt, die Versicherungsleistung zu fordern, soweit sein Lohnanspruch nicht beeinträchtigt wurde.

Man nehme beispielhaft folgenden Fall an: Das Schiffswerk wurde von einem Dritten schuldhaft kurz vor seiner Ablieferung beschädigt. Dadurch wurde die Leistungserfüllung der Werft unmöglich. Gegen den Dritten steht dem Unternehmer ein Schadensersatzanspruch zu. Der Besteller verlangt die Abtretung des Ersatzanspruches als stellvertretendes commodum (§ 323 II BGB) und bietet dem Unternehmer entsprechend seine Gegenleistung an.

In diesem Beispiel wird die Werft als Eigentümerin (oder als reine Sacherhaltungsinteressentin — Besitzerin —) durch den Schaden getroffen; die Sache ging unter. Als Vertragspartnerin trifft sie dagegen insofern kein Schaden, als ihr Vertragszweck ohne eine zusätzliche Belastung erreicht wurde. Sie hat ihre Vergütung erhalten. Wurde in diesem Falle das versicherte Interesse von den Vertragspartnern (Werft und Versicherer) nicht genannt, so erhebt sich die Frage, ob dieser Schaden am Schiffswerk einen Versicherungsfall herbeiführt oder nicht. Ist diese Frage zu bejahen, so würde das heißen, daß das durch die Schiffbauversicherung versicherte Interesse das Sachwertinteresse der Werft ist. Ist sie hingegen zu verneinen, so hieße es, daß die Schiffbauversicherung sich nur auf die obligatorischen Beziehungen der Werft erstreckt. Einen Versicherungsfall kann nur ein tatsächlicher Schaden, eine tatsächliche Minderung des Vermögens des Versicherten verursachen. Hat das Vermögen der Werft hier eine echte Minderung erfahren? Aus dem Vermögen des Unternehmers ist ein dingliches Recht, ein Sachwert verloren gegangen. Dieses Sachenrecht hätte die Werft aber auf jeden Fall durch Übertragung an den Besteller aufgegeben mit der Absicht des Erhalts der vereinbarten Vergütung. Für die Werft ist dieses Recht gleichbedeutend mit dem Erhalt ihrer Werkvergütung. Hat die Werft die Vergütung erhalten, so kommt das Schicksal der Sache selbst nicht mehr für sie in Betracht. Insofern macht das verlorene Sachenrecht kein echtes Vermögenselement der Werft aus. Im erwähnten Fall liegt also kein tatsächlicher Schaden vor (die Werft hat ihre Vergütung erhalten), folglich tritt auch der Versicherungsfall nicht ein. Der Werftunternehmer kann auf Versicherungsentschädigung nicht klagen. Das zeigt deutlich, daß das unter dem Schiffbauversicherungsschutz befindliche Interesse ein Forderungs- und kein Eigentümerinteresse ist.

Bleibt im oben erwähnten Beispiel der Wert des Ersatzanspruches hinter dem Werte der Vergütung zurück (§ 323, II BGB), so kann der Unternehmer vom Versicherer Entschädigung verlangen für den nicht erlangten Teil der Vergütung, nicht jedoch für den Wert des Sachschadens am Bauobjekt. Der Versicherungsfall tritt nur dann und insoweit ein, als der dem Bauobjekt zugefügte Schaden den Vergütungsanspruch beeinträchtigt.

Durch die Schiffbauversicherung wird also in dubio die Forderung des Werftunternehmers auf die Vergütung geschützt. Die Summe dieser Geldleistung (Vergütung) errechnet sich aus dem Wert der gesamten, für den Schiffbau erforderlichen Auslagen der Werft zuzüglich des Betrages des Gewinnes, den der Unternehmer erzielt. Diese beiden Bestandteile der Vergütungssumme, Auslagen und Gewinn, stellen entsprechend zwei getrennte „Teilinteressen" (wie *Ehrenberg* sie nennt)[135] des Unternehmers dar. Sie können daher auch jedes getrennt versichert werden[136].

Im ersteren Fall handelt es sich um die Übernahme des Risikos der Nichtvergütung des vom Unternehmer erfolglos geleisteten Aufwandes durch den Besteller. Es liegt eine Auslagenversicherung vor. Der Betrag des gesamten Aufwandes (Herstellungskosten) wird zunächst durch die Materialkosten, durch den Betrag der Arbeitslöhne, durch einen Anteil an den allgemeinen Unkosten der Werft (Geschäfts- und Betriebskosten) und möglicherweise auch durch einen Betrag zum Ausgleich allgemeiner Abschreibungen ermittelt.

Im zweiten Fall geht es um die Versicherung einer Chance. Versichert wird die auf dem Schiffbauvertrag begründete Anwartschaft des Unternehmers auf den Erwerb eines gewissen Gewinns. Man spricht von einer Bruttogewinnversicherung, soweit außer dem reinen Gewinn auch Herstellungskosten unter die Versicherungsdeckung fallen. Hingegen umfaßt das Nettogewinninteresse des Unternehmers nur den Wert der Differenz zwischen der Bausumme und *allen* Herstellungskosten[137].

Die beiden Arten von Versicherungen, Auslagen- und Gewinnversicherung, kommen aber in der Praxis bei Versicherungen von Werftinteressen getrennt nicht oft vor; sie schützen nur zum Teil die Interessen der Werftunternehmung.

Die Schiffbauversicherung als Forderungsversicherung deckt also einerseits die gesamten erfolglos geleisteten Auslagen, andererseits den durch die eventuelle Nichterfüllung der Schiffbauleistung entgehenden Gewinn der Werft.

Mit der Ansicht, daß durch die Schiffbauversicherung das Recht der Werft auf Entgelt geschützt wird, scheint der Wortlaut der bei der Schiffbauversicherung verwendeten Versicherungsbedingungen nicht übereinzustimmen. Zwar wird bei den genannten Bedingungen das versicherte Interesse nicht wörtlich genannt, der Sinn aber, in dem sie abgefaßt sind,

---

135 *Ehrenberg*, Das Interesse im Versicherungsrecht, S. 37.

136 Vgl. *Kisch*, III, S. 119.

137 Vgl. damit die Delayed Profits Insurance in den Vereinigten Staaten von Amerika. Dazu *Riska*, ZVersWiss., S. 469.

verrät deutlich, daß der Verfasser bei der Abfassung das Sachwertinteresse der Werft am Bauobjekt vor Augen hatte. Siehe z. B. § 1 Klauseln für Baurisiken: „Versichert sind der Neubau und dessen Zubehör." Daraus darf man jedoch nicht falsche Schlüsse ziehen. Die in der Praxis bei einem Versicherungsgeschäft verwendeten Bedingungen lassen sich oft nicht mit den entsprechenden Rechtsnormen, die für die Regelung des in Frage kommenden Geschäftes maßgebend sind, vereinbaren[138]. Man soll beim Schiffbauvertrag nicht auf die äußerliche Erklärung des Parteiwillens sehen, sondern sich in das Wesen des Rechtsgeschäftes vertiefen und das tatsächlich schutzbedürftige Interesse des Versicherten aufzufinden versuchen. Das Abschätzungsverfahren der Entschädigungssumme bei der Sachversicherung ist zwar praktischer als bei der Forderungsversicherung; der Schutz des Sachwertinteresses deckt aber nicht in vollem Umfang die aus dem Schiffbauvertrag kommenden Interessen der Werft und gewährt ihr daher nicht die bezweckte Sicherung[139].

Beim Eintritt des Versicherungsfalles soll die vom Versicherer geschuldete Entschädigung auf Grund des Wertes der Vergütung abgeschätzt werden. Das heißt nicht, daß bei jedem Schaden der Versicherer die volle Bausumme zu entrichten hat; es heißt vielmehr, daß der Betrag der Vergütung die Basis und den Maßstab für die Abschätzung des tatsächlich entstandenen Schadens bilden soll. Geht das Schiff kurz vor der Ablieferung, wenn es bereits fertig ist und wenn die Vergütungsgefahr noch auf der Seite des Unternehmers liegt, zugrunde, so ist der Versicherer verpflichtet, die volle Versicherungssumme als Versicherungsentschädigung zu leisten (vorbehaltlich des Falles einer Überversicherung, § 9 ADS). Wurde dagegen das Schiffswerk vor seiner Vollendung beschädigt oder zerstört, so wird der Betrag der Versicherungsleistung einer Vorteilsausgleichung gemäß, durch die Bausumme nach dem Abzug bestimmter Werte, die die Werft durch den Eintritt des Schadens ersparen wird, bestimmt.

Vom Betrage der Vergütung soll zunächst ein den noch unaufgewendeten Herstellungskosten entsprechender Teil der Vergütung abgezogen werden, das heißt der Teil des Betrages der gesamten Herstellungskosten, den die Werft durch die Befreiung von ihrer Herstellungspflicht nicht mehr aufzuwenden braucht. Als solche kommen ersparte Materialkosten, Arbeitslöhne und Betriebsunkosten in Betracht.

Weiter muß, soweit das vom Schaden übriggebliebene Objekt noch einen Wert für die Werft darstellt (z. B., falls der Unternehmer bestimmte, vom Schaden nicht betroffene Bestandteile oder Zubehörteile des unter-

---

[138] So etwa auch bei der Bauwesenversicherung. Vgl. *Sieg*, Betr. Ber. 1964, S. 18.

[139] Vgl. RG LZ 1917, Sp. 207.

gegangenen Bauobjektes bei anderen Schiffbauwerken verwenden kann), dieser Wert von der Bausumme abgezogen werden. In dieser Weise kommt bei der Abschätzung des tatsächlichen Schadens auch der Sachwert des beschädigten Werkes in Betracht. Dieser spielt aber insofern nur eine indirekte Rolle, als die Entschädigung sich nicht auf den Betrag des Sachwertes des untergegangenen Werkes beschränkt, sondern auf den Betrag der Vergütung nach dem Abzug des Wertes des unbeschädigten Werkes. Die Frage bei der Abschätzung des Schadens ist nicht, welcher Sachwert unterging, sondern welcher Wert des Schiffswerkes von dem Schaden verschont blieb.

Am Ende muß noch von der Summe der vereinbarten Vergütung der Anteil des Entgeltes, den der Unternehmer während der Zeit, die die weitere Herstellung des Schiffes brauchen würde, durch anderweitige Verwendung seiner Arbeitskräfte erwirbt oder zu erwerben unterläßt, insoweit abgezogen werden, als dieser einen Gewinn für die Werft darstellt. Es ist zu betonen, daß nicht das ganze Entgelt, das der Unternehmer durch die Verwendung seiner jetzt entbundenen Arbeitskräfte verdient oder verdienen konnte, von dem Betrag der Vergütung abgezogen werden soll, sondern nur der Teil dieses Entgeltes, der den reinen Gewinn des Unternehmers darstellt. Die Summe dieses weiteren Entgeltes besteht freilich auch aus Herstellungskosten und Gewinn. Von der Bausumme soll nur der Gewinn abgezogen werden, da nur dieser eine tatsächliche Ersparnis für den Unternehmer bedeutet.

Hier soll zusätzlich der oben erwähnte Fall einer möglichen beschränkten Vergütungsgefahrtragung des Unternehmers berücksichtigt werden[140]. Tritt die Vergütungsgefahr auf Grund eines der oben dargelegten Fälle in beschränktem Maße ein, so soll die Entschädigungsberechnung nur auf Grund des nicht erlangten Teils der Vergütung stattfinden. Der am Unternehmer bereits für seinen Teilwerkerfolg getätigte Vergütungsanteil soll auch bei der Abschätzung der geschuldeten Versicherungsentschädigung vom Betrage der Vergütungssumme abgezogen werden.

Schlußfolgerung: den Umfang des entstandenen Schadens und die ihm entsprechende Höhe der geschuldeten Versicherungsleistung stellt der Betrag der Vergütung dar, soweit der Werftunternehmer die Vergütungsgefahr trägt. Von diesem sollen aber gewisse Ersparnisse des Unternehmers abgerechnet werden, damit die Entschädigung des Werftunternehmers das Bereicherungsverbot nicht verletzt.

bb) Das Sachersatzinteresse

Es war oben die Rede von der Garantiefunktion des Werkvertrages. Der Unternehmer hat für das Erbringen der Werkleistung einzustehen.

---

[140] S. darüber Kap. B, I, 2, d.

Einen Schaden am Werk muß er zuweilen ausbessern, so daß seine Pflichterfüllung erfolgen kann und er dadurch seinen Lohn erhält. Der Werftunternehmer übernimmt also durch den Schiffbauvertrag eine Haftung; er ist unter Umständen[141] verpflichtet, seine Leistung noch einmal zu erbringen (Ersatzwerkgefahr). Insoweit trifft den Werftunternehmer eine Haftpflicht ex contractu. Das Interesse des Unternehmers zur Beseitigung eines Schadens am Werk (Sachersatzinteresse)[142] stellt also nicht ein Sach-, sondern ein Haftpflichtinteresse dar[143]. Nicht der verlorene Sachwert, sondern der weiter zu entrichtende Mehraufwand macht den tatsächlichen vom Unternehmer erlittenen Schaden aus. Die Tragung der Ersatzwerkgefahr bedeutet für die Werft ein Haftpflichtrisiko. Eine Haftpflichtversicherung gegen die schädlichen Folgen der Realisierung der Ersatzwerkgefahr wäre also für sie von Nutzen.

Es wurde oben erwähnt, daß dem Werftunternehmer, soweit er das Eigentum an dem Bauobjekt hat, ein Eigentumsinteresse zusteht. Er hat daher die Wahl, entweder für sein Eigentumsinteresse oder für sein Haftpflichtinteresse Versicherung zu nehmen. Welches von beiden durch einen konkreten Versicherungsvertrag gedeckt wird, ist eine Frage der Auslegung des Vertrages. Durch die Erklärung des Parteiwillens wird oft das versicherte Interesse nicht förmlich bezeichnet. Es ist allerdings auch möglich, daß ein Haftpflichtinteresse, ohne ausdrücklich angegeben zu sein, durch den Versicherungsvertrag geschützt wird[144]. Diese Möglichkeiten müssen bei der Auslegung des Schiffsbauversicherungsvertrages berücksichtigt werden. Hierbei sollte man von dem Standpunkt ausgehen, daß den besonderen, bei Schiffbauverträgen auftauchenden Gegebenheiten eher der Abschluß eines Haftpflichtversicherungsvertrages als eines Sachversicherungsvertrages entspricht[145]. Wenn man freilich den vom Werftunternehmer erlittenen Schaden näher betrachtet, stellt man fest, daß er nicht aus dem Sachwert des untergegangenen Teil- oder Gesamtwerkes besteht, sondern aus dem Wert des auf Grund seiner Haftpflicht zusätzlich zu leistenden Werkes. Der tatsächliche Schaden besteht nicht in einem Verlust, sondern in einem zusätzlichen Aufwand, der nicht vergütet wird. Der Wert des zuzüglich erforderlichen Werkes braucht nicht immer mit

---

[141] S. oben Kap. B, I, 2, c.

[142] Vgl. *Prölß*, VVG, Vorbem. 1 vor § 51.

[143] Vgl. *Bruck-Möller*, Bd. II § 49, Anm. 75, Anm. 104.

[144] Vgl. RG LZ 1917, Sp. 207 f.

[145] Vgl. *Bischoff*, VersR 1963, S. 14. „Bei der Leistungsgefahr, d. h. bei der Frage, ob der Unternehmer sein Werk erneut herstellen oder Sachersatz leisten muß, geht es um ein Passivinteresse und auch hier wieder nicht um ein Sachwertinteresse." Anders freilich *Wussow* für den Fall der Bauwesenversicherung, VersR 1964, S. 570 ff. Vgl. auch BGH VersR 56, 726, S. 526, 3.

dem untergegangenen Sachwert gleich zu sein. Man denke an die zur Beseitigung der durch den Schaden entstandenen Arbeitshindernisse erforderlichen Kosten, die auf Grund der Haftverbindlichkeit des Unternehmers aufgewendet werden müssen. Eine vollkommene und mit den vertraglichen Verpflichtungen des Unternehmers vereinbarte Versicherungsdeckung seines eventuell entstehenden Bedarfes fordert den Abschluß eines Haftpflichtversicherungsvertrages.

Der Verteidiger der Auffassung, daß durch die Schiffbauversicherung das Sachwertinteresse des Werftunternehmers versichert ist, könnte in der Tatsache Anhaltspunkte finden, daß besondere Eigentümlichkeiten der Haftpflichtversicherung bei der Schiffbauversicherung fehlen. Zunächst gilt bei der Haftpflichtversicherung die Besonderheit, daß durch die Natur des übernommenen Schadens keine Begrenzung der Höhe der möglicherweise entstehenden Haftpflicht erfolgt. Der Umfang des gedeckten Schadens ist unbegrenzt; deswegen muß eine Maximalersatzbegrenzung durch besondere Abrede festgesetzt werden. In unserem Fall steht hingegen eine objektive Maximalschadensgrenze immer fest. Die eventuelle Haftung des Unternehmers (in dieser Hinsicht) ist durch den Wert des erforderlichen Ersatzwerkes begrenzt. Der Maximalaufwand des Werftunternehmers kann den jeweiligen Wert des Bauobjektes nicht (oder mindestens nicht bei weitem) überschreiten. Der wesentliche Unterschied aber zwischen Haftpflichtversicherung und des hierbei behandelten Versicherungsvertrages ergibt sich daraus, daß bei der Schiffbauversicherung keine Schadensersatzpflicht, sondern eine Herstellungspflicht in Natur versichert wird. Der Werftunternehmer ist (zunächst) nicht gefährdet, einen Schadensersatz dem Schiffsbesteller leisten zu müssen, sondern weitere Ausgaben für die Ausbesserung des Schadens auf Grund seiner vertraglichen Haftpflicht aufzuwenden (Erfüllung seiner Leistung).

Man könnte daher behaupten, daß diese beiden Eigentümlichkeiten der Schiffbauversicherung diese von der Haftpflichtversicherung entfernen und sie eher dem Gebiet der Sachversicherung annähern. Trotzdem muß diese Auffassung als nicht real angesehen werden. Der Verteidiger dieser Ansicht verkennt die Existenz und die Bedeutung der Ersatzwerkgefahr, die der Unternehmer hierbei trägt. Die Tragung der Ersatzwerkgefahr, wie auch die oben behandelte Vergütungsgefahrtragung, legt dem Wesen des Schiffbauwerkes einen speziellen Wert für den Unternehmer bei, der vom Sachwert des Objektes häufig gründlich differiert. Die Annahme der Ansicht, daß hierbei eine Sachversicherung vorliegt, führt zur unvollständigen Versicherungsdeckung der Interessen des Unternehmers.

Die Schiffbauversicherung ist also für die Zeit der Ersatzwerkgefahrtragung durch den Unternehmer eine Haftpflichtversicherung. Die übernommene Haftpflicht ist die Ersatzwerkverbindlichkeit des Unternehmers. Voraussetzung für den Eintritt des Versicherungsfalles ist die Geltendmachung des aus dieser Haftpflicht stammenden Anspruchs des Bestellers zur Vollendung des Werkes. Die Haftverbindlichkeit zum Ersatzwerk macht vom versicherungsrechtlichen Standpunkt die causa proxima der Haftung des Versicherers aus.

Schlußfolgerung: Die Schiffbauversicherung ist, aus der Sicht der Interessen des Unternehmers, solange er die Vergütungsgefahr trägt, Forderungsversicherung, soweit er die Ersatzwerkgefahr trägt, Haftpflichtversicherung[146].

cc) Sonstige Interessen

α) Sachwertinteresse an eigenen Sachen des Werftunternehmers

Es wurde oben dargelegt, daß nicht die Beziehung zur Sache (zum Bauobjekt), sondern die Beziehung zum Erfolg der Veräußerung der Sache (zur Vergütung), als auch die Haftpflichtbeziehung des Werftunternehmers zum Schiffsbesteller unter dem Schutz der Schiffbauversicherung stehen.

Der Schiffbauversicherer gewährt aber in der Regel auch Versicherungsschutz für Sachwertinteressen des Werftunternehmers an eigenen Sachen. Als solche kommen zunächst Werftanlagen in Betracht, die dem Bau des Schiffes dienen [147]. In der Praxis sind die Werftanlagen nur gegen Beschädigung und Verlust versichert, wenn der eingetretene Schaden durch körperliche Einwirkung des Neubaues, seines Zubehörs oder der Konstruktionsteile auf die Werftanlagen verursacht wurde[148].

Als Werftanlage ist nach den allgemeinen Versicherungsbedingungen für Schiffbaurisiken (§ 2 Nos. 31—32 KBR) auch das zum Verbrauch im Werftbetrieb bestimmte Material anzusehen. Der Wert des Materials wird, wie oben dargelegt, in die Bausumme und daher auch in die Versicherungssumme bei der Versicherung der Vergütungsforderung einbezogen[149]. Die

---

[146] So bezeichnet auch *Bischoff* (ZVersWiss. 1963, S. 206 ff.) die Bauwesenversicherung als „Spezialart einer allgemeinen Vermögensschadenversicherung, die aktive Forderungs- und Passiveninteressen des Bauunternehmers versichert".

[147] „Als Werftanlagen gelten alle dem Betrieb der Werft dienenden, beweglichen und unbeweglichen Gegenstände auf dem Werftgelände, also dauernde Einrichtungen und zum Verbrauch im Werftbetrieb bestimmtes Material. Ausgenommen sind: der Helgen, Pallungshölzer, Stapel- und Stellagehölzer, Laufbohlen, Gerüststangen und dergleichen, ferner Hilfseinrichtungen, z. B. Heftschrauben, Dampfleitungen, elektrische Leitungen, Preßluftschläuche, Heizanlagen." § 2, Nos. 29—36 KBR.

[148] S. § 2 Nos. 38—44 KBR.

[149] S. Endwert-Tarif S. 2: „Als Taxe der Bauversicherung gilt die zwischen dem Bauherrn und der Werft vereinbarte Bausumme des ursprünglichen Bauvertrages und alle weiteren den Bau betreffenden Zusatzvereinbarungen. Die Versicherungssumme erhöht sich ohne weiteres auf den Betrag der Taxe, soweit das Maximum der Police nicht überschritten wird."

Vernichtung des Materials allein kann nicht die Unmöglichkeit des Werkes herbeiführen[150]. Das Forderungsinteresse der Werft kann also durch den Materialverlust nicht beeinträchtigt werden. Ein Schaden am Material hat einen Zusatzaufwand der Werft für die Beschaffung von neuem Material zur Folge, wodurch die Ausführung des Schiffbauvertrages ermöglicht wird. Der Verlust von Material stellt also die Entstehung eines Passivums für die Werft und entsprechend die Verletzung ihres Sachersatzinteresses dar. Dennoch betrachtet die Praxis stets die Versicherung des Materials als eine Sachversicherung[151].

Von der Versicherung werden nicht alle Werftanlagen gedeckt. Die Helgen, Pallungshölzer, Stapel- und Stellagehölzer, Laufbohlen, Gerüststangen und dergleichen, wie auch Hilfseinrichtungen sind in der Versicherungsdeckung nicht inbegriffen[152]. Jedoch können sie alle (außer dem Helgen und den Hilfseinrichtungen) auf besonderen Antrag des Versicherungsnehmers unter Versicherungsschutz gebracht werden[153]. Ein Schaden am Helgen ist nur dann vom Versicherer zu ersetzen, wenn er beim Stapellauf des Schiffes erfolgt[154].

Es ist weiter die Frage von Bedeutung, ob das auf den Werftgeländen stehende Zubehör und die Konstruktionsteile des Schiffsrumpfes von einer Sachversicherung gedeckt werden können. Das Vorhandensein eines Sachinteresses der Werft am Zubehör und Konstruktionsteilen ist insofern unbestritten, als die Werft ihr Eigentumsrecht auf sie mindestens bis zu ihrer Einfügung oder Verwendung auf dem Schiffskörper behält. Der Wert der erwähnten Gegenstände ist aber in die vereinbarte Vergütung eingeschlossen. Die Beschädigung des Zubehörs oder eines Konstruktionsteiles könnte eine entsprechende Verringerung der Vergütung zur Folge haben (§§ 633, 634 BGB). Ein Sachschaden an den genannten Gegenständen könnte also das Vergütungsinteresse der Werft beeinträchtigen. Insofern ist das durch Zubehör und Konstruktionsteile für die Werft vermittelte Interesse durch die Forderungsversicherung, die die Risiken des gesamten Schiffbaus deckt, versichert.

Ein Schaden am Zubehör oder Konstruktionsteilen hat aber nicht immer eine Beeinträchtigung des Vergütungsanspruches zur Folge. Soweit der Werftunternehmer die Ersatzwerkgefahr trägt, bedeutet die Beschädigung dieser Gegenstände einen Mehraufwand von seiten der Werft. Insofern ist der vorstehend erwähnte Schaden von der gegebenenfalls abgeschlos-

[150] S. oben Anm. 103.
[151] Vgl. auch oben Kap. B, I, 3, a, aa.
[152] S. § 2 Nos. 32—37 KBR.
[153] S. § 3 Nos. 49—51 KBR.
[154] S. § 4 Nos. 67—68 KBR.

senen Haftpflichtversicherung gedeckt. Ein Sachinteresse am Zubehör und an den Konstruktionteilen ist also vorhanden; ein Schaden an diesen Gegenständen ist aber durch die für den gesamten Schiffbau genommene Forderungsversicherung, bzw. Haftpflichtversicherung gedeckt.

Nach den Klauseln für Baurisiken befinden sich die Konstruktionsteile und das Zubehör des Schiffswerkes nur soweit unter Versicherungsschutz, als sie für den Neubau verbucht sind[155]. Eine für diese Gegenstände getrennt aufgenommene Sachversicherung wäre also für den Werftunternehmer von Nutzen, wenn die Gegenstände für den konkreten Neubau noch nicht verbucht sind. Grundsätzlich ist aber eine Versicherung für die Sachinteressen des Werftunternehmers nur insoweit vorteilhaft für ihn, als sie sich auf die der Herstellung des Neubaus dienenden Werftanlagen erstreckt.

β) Betriebshaftpflichtinteresse

Durch die Klauseln für Baurisiken ist der Werftunternehmer gegen bestimmte Haftpflichtrisiken, die aus dem Werftbetrieb hervorkommen, versichert. Der Haftpflichtversicherungsschutz erstreckt sich aber nur auf Schäden, die während des Stapellaufs und der Probefahrt des Schiffsneubaus entstanden sind (§ 4 Abs. 2, § 5 Abs. 3 KBR). Voraussetzung für die Haftung des Versicherers für die Dritten verursachten Schäden ist, daß sie durch Zusammenstoß[156] des Neubaus mit Schiffen, festen oder schwimmenden Gegenständen oder durch ein nautisches Verschulden ohne Zusammenstoß herbeigeführt wurden. Beim Stapellauf ist auch der Schaden gedeckt, der durch Sog oder durch die Flutwelle, welche der vom Helgen ablaufende Neubau verursacht, entstanden ist.

Als geschädigter Dritter bei der den Klauseln für Baurisiken gemäß vereinbarten Haftpflichtversicherung gelten Arbeiter und Angestellte der Werft nicht. Weder für Sachschäden (§ 4, Nos. 82—86 KBR) noch für Personenschäden (§ 5, Nos. 105—107 KBR) der genannten Personen haftet der Schiffbauversicherer. Dagegen sind Schäden, die die Arbeiter, Angestellten usw. Dritten verursacht haben, von dem Schiffbauversicherer mitgedeckt (S. § 7 AHB. Versicherung für fremde Rechnung; vgl. auch § 151 VVG).

Bemerkenswert ist hierbei die Bestimmung des § 4 Nos. 81—82 KBR: „Eigene Anlagen oder Fahrzeuge der Werft gelten als fremdes Eigentum“[157]. Die Beeinträchtigung der genannten Sachen durch nautisches

[155] S. § 1 Nos. 5—6 KBR.

[156] § 5 Nos. 100—102 KBR: „§ 78 ADS (Mittelbarer Kollisionsschaden) wird auf Zusammenstoß mit festen oder schwimmenden Gegenständen ausgedehnt ...“

[157] So auch § 5 Nos. 102—103 KBR.

Verschulden, Sog oder Flutwelle usw. ist hiernach vom Versicherer zu ersetzen. Dabei handelt es sich nicht um die Entstehung einer Haftpflicht der Werft, da es um eigene Sachen geht, sondern um die Beeinträchtigung eines Aktivinteresses der Werft (Eigentümerinteresse). Die Beschädigung von eigenen Anlagen und Fahrzeugen der Werft beim Stapellauf oder der Probefahrt fällt also nicht unter die Betriebshaftpflichtversicherungsdeckung, sondern es geht um eine besondere Sachversicherungsabrede[158]. Schäden dritter Personen beim Werftbetrieb tauchen aber nicht nur während des Stapellaufes, der Verholung des Neubaus zur Werft und der Probefahrt auf. Von Belang für den Werftunternehmer wäre die Vereinbarung einer Haftpflichtversicherung für die gesamte Schiffbauzeit gegen alle Risiken, die durch den Schiffbaubetrieb auf das Werftgelände einwirken können und Sach- oder Personenschäden bei Dritten verursachen könnten. Man denke z. B. an die Schäden, welche ein Kran der Werft wegen mangelhafter Manipulation seines Bedieners an dem Fahrzeug eines Materiallieferanten verursacht oder an die Verletzung eines Baubeaufsichtigers durch den Zusammenbruch eines Mastes.

Die Werft schließt also regelmäßig gemäß den Klauseln für Baurisiken eine Betriebshaftpflichtversicherung innerhalb des Rahmens der Schiffbauversicherung ab. Diese Versicherungsdeckung erstreckt sich, wie oben erwähnt, nur auf die Haftpflichtrisiken, die während des Stapellaufes und der Probefahrt des Schiffsneubaus entstehen können. Der Werft steht aber nichts im Wege, auch eine Haftpflichtversicherung abzuschließen, die unabhängig von dem konkreten Schiffbau, die gesamten Haftpflichtrisiken, welche aus dem ganzen Werftbetrieb hervorkommen, deckt. Hierbei handelt es sich selbstverständlich nicht um eine Seeversicherung.

γ) Passiveninteresse im Falle der Rückzahlung eines Vorschusses auf den Werklohn

Gerät das Schiffbauwerk in Brand, solange der Werftunternehmer die Vergütungsgefahr trägt, so verliert er seinen Anspruch auf den Werklohn. Hat er eine Anzahlung bereits vor der normalen Fälligkeit der Vergütung erhalten, so muß er sie zurückzahlen. In dieser Hinsicht ist die Werft von der Entstehung eines Passivums bedroht. Sie kann eine Passivenversicherung gegen die Gefahr der Rückzahlung eines Vorschusses auf den Werklohn abschließen[159].

Die Versicherung dieses Passiveninteresses kann für die Werft insofern von erheblicher Bedeutung sein, als die erhaltenen Anzahlungen zur Zeit des Schadensereignisses bereits im Werftbetriebe investiert worden sind.

---

[158] Dazu s. oben Kap. B, I, 3, a, cc, α.
[159] S. *Bruck-Möller*, Bd. II, § 49 Anm. 104.

Der Eintritt der Rückzahlungspflicht würde hier also nicht nur den Ausfall einer Geldsumme für den Werftunternehmer bedeuten, sondern überhaupt eine Allgemeinstörung des planmäßigen Ablaufes des Betriebsgeschehens im Werftunternehmen. Eine solche Störung könnte sich äußern in einer Beschränkung der Liquidität der Werft, in einer übermäßigen Belastung des Werftanlage- und/oder des Werftumlaufvermögens durch Hypotheken- und/oder Lieferantenkredite usw.

Das zur Diskussion stehende Interesse der Werft wird üblicherweise im Rahmen der Schiffbauversicherung mitversichert. Enthält der Schiffbauversicherungsvertrag keine besondere Klausel über den Versicherungsschutz dieses Passiveninteresses, so ist anzunehmen, daß der vom Schiffbauversicherer gewährte Versicherungsschutz, soweit der Versicherungsvertrag die gesamte Vergütungssumme und nicht nur den noch nicht gezahlten Teil von ihr deckt, sich auch auf dieses Passiveninteresse der Werft erstreckt. Es besteht aber auch kein Hindernis für den Werftunternehmer, sein Interesse unabhängig von der Schiffbauversicherung durch einen besonderen Versicherungsvertrag zu schützen.

δ) Forderungsinteresse im Falle der Zahlungsunfähigkeit des Schiffsbestellers

Die durch den Schiffbauvertrag begründete Vergütungsforderung des Werftunternehmers wird durch die dem Bauobjekt drohenden Gefahren in der oben dargelegten mittelbaren Weise (Vergütungsgefahrtragung durch die Werft) gefährdet. Diese Geldforderung ist aber auch anderen Gefahren ausgesetzt, die außerhalb der Gefahrensphäre des Werftunternehmers liegen. Insbesondere wird sie von einer möglichen Zahlungsunfähigkeit des Schiffsbestellers bedroht. Gegen die Insolvenz oder auch Böswilligkeit des Bestellers kann die Werft eine Kreditversicherung abschließen.

Das beziehungsverknüpfte Gut ist hier dieselbe Vergütungsforderung, die die Werft gegen die Folgen einer möglichen Realisierung der von ihr getragenen Vergütungsgefahr versichert hat. Hier wird die Forderung aber gegen eine andere Gefahr geschützt: die Uneinbringlichkeit. Diese kann verschiedene Ursachen haben: Konkurs des Bestellers, fruchtlose Zwangsvollstreckung, außergerichtlicher Vergleich mit sämtlichen Gläubigern nach vorausgegangener Zahlungseinstellung usw. Der Begriff Zahlungsunfähigkeit des Schuldners (Schiffsbestellers) bedarf daher beim Abschluß des Kreditversicherungsvertrages einer genauen Definition[160].

Im Bereich der Seeversicherung können auch Forderungen versichert werden (Frachtversicherung). Der Seeversicherungsschutz setzt aber vor-

---

[160] S. *Schnedelbach*, S. 59; vgl. auch *Mühlenfeld*, Z.Vers.Wiss. 1930, S. 199 ff.

aus, daß der zur Deckung der Forderung dienende Gegenstand Gefahren der Seefahrt ausgesetzt ist[161]. Bei der Kreditversicherung der Werft kommt die Gefährdung des Deckungsgegenstandes der versicherten Geldforderung gar nicht in Betracht. Das Vergütungsinteresse der Werft wird nicht von Gefahren der Seefahrt, sondern von einer eventuellen Insolvenz des Bestellers bedroht. Die Versicherung des Kreditinteresses der Werft ist also von der Schiffbauversicherung, die, wie oben dargelegt[162], bei einem Seeversicherer abgeschlossen ist, klar zu unterscheiden[163] [164]. Beide Versicherer, See- und Kreditversicherer, gewähren demselben Vergütungsinteresse der Werft Schutz, jeder aber gegen deutlich sich voneinander unterscheidenden Gefahren.

Die vom Werftunternehmer abgeschlossene Kreditversicherung gehört also nicht zur Schiffbauversicherung. Sie wird hier aber beiläufig mitbehandelt, da sie parallel mit der Schiffbauversicherung vom Werftunternehmer genommen werden kann und zu einem vollkommenen Schutz der aus dem Schiffbaugeschäft herrührenden Interesse der Werft dient. Durch sie erfolgt eine Abgrenzung der Schiffbauversicherung.

Ein Fall, wo der von der Werft abgeschlossene Kreditversicherungsvertrag eine Seeversicherung darstellt, wäre unter folgenden Umständen denkbar: Der Werftunternehmer hat das bestellte Schiff abgeliefert, er hat die ihm geschuldete Bausumme (oder einen Teil von ihr) gestundet mit der Vereinbarung, daß das abgelieferte Schiff zur Sicherung der geschuldeten Vergütungsforderung dienen soll. Hier stellt das Schiff das Deckungsmittel für die konkrete Forderung dar und ist als solches den Gefahren der Seefahrt ausgesetzt. Es handelt sich also um eine Seeversicherung, wenn die Werft hier ihre Vergütungsforderung versichert[165]. Dieses Beispiel kommt aber sehr selten vor und ist daher von fast nur theoretischer Bedeutung[166].

---

[161] § 1 II ADS „Insbesondere können versichert werden: ... sonstige Forderungen, zu deren Deckung der Seegefahr ausgesetzte Gegenstände dienen"; s. auch § 779 HGB; dazu *Voigt*, S. 16, vgl. auch S. 165—168.

[162] S. Kap. A.

[163] Näheres über das Verhältnis von Kredit- und Seeversicherung: *Schnedelbach*, S. 98—99; *Ritter-Abraham*, S. 126—128, § 1 Anm. 119—121.

[164] Die praktische Folge hiervon ist, daß § 805 I HGB bei der Kreditversicherung keine Anwendung findet. Auch § 67 I Satz 1 VVG ist für den vorliegenden Fall nicht maßgeblich. Die versicherte Bausummenforderung geht an den Versicherer nur auf Grund besonderer Abtretung über. So *Möller*, Kreditversicherung, S. 347; näheres dazu *Ritter*, LZ 1907, Sp. 254—258.

[165] Vgl. RG, HGZ 1899, S. 244—245.

[166] Vgl. aber RG Bd. 47, S. 175, HGZ 1900, S. 176.

ε) Gewinninteresse bei einer Betriebsunterbrechung

Eine Unterbrechung des Schiffbaubetriebes kann als solche, abgesehen davon, ob dadurch auch Forderungs- oder Ersatzwerkinteressen der Werft beeinträchtigt werden, einen Schaden für sie bedeuten (Unterbrechungsschaden). Die Betriebsunterbrechung bedeutet für den Werftunternehmer einmal Fortlauf von Geschäftsunkosten (d. h. einen Zusatzaufwand) und andererseits Ausfall von Gewinn, den der Werftbetrieb während der Betriebsunterbrechung sonst erbracht hätte[167]. Durch die fortlaufenden Geschäftsunkosten[168] steigen die gesamten Herstellungskosten des konkreten Schiffbaus. Ein Ansteigen der Herstellungskosten bedeutet aber, soweit die Schiffbausumme nicht entsprechend erhöht wird, die Verringerung des Teils der Bausumme, welcher den reinen Gewinn der Werft darstellt. Insofern kann auch die Steigerung der Herstellungskosten durch die fortlaufenden Unkosten als ein Gewinnentgang für den Werftunternehmer betrachtet werden.

Durch die Klauseln für Baurisiken wird ein Betriebsunterbrechungsschaden der Werft nicht gedeckt. Der Werftunternehmer, der sich gegen dieses Risiko versichern will, muß neben dem Schiffbauversicherungsvertrag einen besonderen Betriebsunterbrechungsversicherungsvertrag abschließen[169]. Auch die vorliegende Versicherungsmöglichkeit gehört also zu den Grenzfällen der Schiffbauversicherung.

Der Werftunternehmer kann entweder gegen die eine (Kostenfortlauf) oder gegen beide Schadensmöglichkeiten (Gewinnausfall und Kostenfortlauf) Versicherung nehmen[170]. Hat der Versicherungsnehmer beide „Grup-

---

[167] S. FBUB § 3 I „Unterbrechungsschaden ist der *entgehende* Geschäftsgewinn und der Aufwand an *fortlaufenden* Geschäftsunkosten in dem versicherten Betriebe ..."

[168] Die Bestimmung der Geschäftsunkosten, welche versichert werden sollen, ist dem Versicherungsnehmer freigestellt. Als Unkosten eines Werftbetriebes können u. a. folgende Gelder anfallen: Miete, Steuern, Versicherungsprämien, Zinsen für im Geschäft investierte Gelder (Hypothekenzinsen), Ausgaben für Bewachung, Arbeitslöhne usw. Vgl. aber auch FBUB § 4 III.

[169] Auch Sachschäden, die Folgen einer Arbeitsruhe im Werftbetriebe sind, werden vom Schiffbauversicherer nicht entschädigt, § 8 Nos. 151—155 KBR. Anders in England, wo es eine besondere Klausel gibt für die Deckung auch von derartigen Schäden. Institute Strikes Clauses 1: „This insurance covers loss of or damage to the property hereby insured caused by strikes locked-out workmen or persons taking part in labour disturbances riots or civil commotions, but exkludes any loss of or damage to the property insured covered by the Institute War Clauses for Builders' Risks."

[170] S. *Wertheimer* in Manes Versicherungslexikon, Sp. 333; vgl. auch FBUB § 4 IV.

pen“ versichert, was auch den Regelfall bildet,[171], so steht unter dem Versicherungsschutz der in der Zeit der Betriebsunterbrechung entgehende Bruttogewinn des Werftbetriebes[172]. Ist dagegen nur der Nettogewinn versichert, so heißt dies, daß der Versicherer nur für die durch die Betriebsunterbrechung entstandene Beeinträchtigung der Anwartschaft auf den Betriebsertrag nach dem Abzug aller Kostet haftet. Der erwartete Gewinn basiert sowohl auf der geschäftsmäßigen Verwertung der Werfteinrichtungen als auch auf dem konkreten Schiffbauvertrag, bei dem die Betriebsunterbrechung entstanden ist[173].

Der Versicherer haftet in erster Linie für den Unterbrechungsschaden, der sich auf einen Sachschaden am Schiffbauwerk oder an den Werftanlagen gründet. Das Vorhandensein eines Sachschadens ist aber heute nicht mehr unbedingt erforderlich. Auch andere Ursachen können nach dem Versicherungsvertrage einen versicherten Betriebsunterbrechungsschaden hervorrufen, z. B. Streik, handelspolitische Maßregeln, Konjunkturrückgänge oder sonstige Wirtschaftskrisen[174]. Die Betriebsunterbrechungsversicherung, die durch Sachschäden mittelbar verursachte Vermögensschäden deckte, wurde früher immer in Zusammenhang mit einem Feuerversicherungsvertrag abgeschlossen. Daß ein Brand, Blitzschlag usw. die Ursache des Sachschadens ist, der die Betriebsunterbrechung zur Folge hat, wird heutzutage aber auch nicht mehr verlangt[175].

Das durch die Werftbetriebsunterbrechungsversicherung versicherte Interesse ist die Beziehung des Werftunternehmers zu der Anwartschaft auf einen Ertrag während einer möglichen Unterbrechung des Werftbetriebes. Eine Betriebsunterbrechung führt zum Ausfall des Bruttoertrages, den der Unternehmer in der Zeit der Unterbrechung erworben hätte. Für den Werftunternehmer besteht der entgangene Bruttoertrag, soweit durch die Betriebsunterbrechung die Vollendung und Ablieferung des bestellten Schiffes verschoben wird, aus dem Vergütungsteil, den die Werft durch den rechtzeitigen Beginn eines weiteren evtl. erhaltenen Schiffbauauftrages im Zeitraum der Ablieferungsverzögerung erworben hätte. Ist aber der Betriebsunterbrechungsschaden ohne Rücksicht auf weitere Vertragsverpflichtungen der Werft abzuschätzen, so kommt nicht der Bruttoertrag, den die Werft in der Zeit der Unterbrechung erwerben könnte, in Betracht, sondern nur der Nettogewinn, welcher durch die Erhöhung der

---

[171] S. *Hax*, S. 113.

[172] So auch *Domizlaff*, ZVersWiss. 1912, S. 281.

[173] Hierzu *Selmer*, ZVersWiss. 1964, S. 472—473.

[174] S. *Feldmann*, in Finke Handwörterbuch, Sp. 321—322; auch *Hax*, S. 84 bis 86; anders bei der Feuer-Betriebsunterbrechungsversicherung (S. §§ 1—2 FBUB).

[175] S. *Feldmann*, a. a. O., Sp. 321.

Herstellungskosten verringert wird[176]. Ist eine feste Summe als Schiffbauvergütung bedungen, so bedeutet, wie bereits erwähnt, die Betriebsunterbrechung eine Vergrößerung des Teils der Vergütung, der die gesamten Herstellungskosten darstellt, durch die fortlaufenden Unkosten und demzufolge eine entsprechende Verminderung des Vergütungsteils, welcher den reinen Gewinn der Werft ausmacht. Der Werft entgeht durch die Betriebsunterbrechung nicht ein Bruttoertrag, sondern ein Nettogewinn. Der Zuwachs der Unkosten hat die Veränderung der Relation zwischen Herstellungskosten und Nettogewinn in der Vergütungssumme und dadurch einen Gewinnverlust der Werft zur Folge.

Das durch die Betriebsunterbrechungsversicherung geschützte Interesse der Werft ist also, soweit eine feste Vergütung vereinbart worden ist, nicht auf den Bruttobetriebsertrag gerichtet, wie es bei sonstigen Betriebsunterbrechungsversicherungsverträgen die Regel ist[177], sondern nur auf den Nettogewinn, der beim Werftbetrieb ohne den Eintritt der Störung während der Zeit der Schiffbauunterbrechung entstehen würde. Es geht also bei der Werftbetriebsunterbrechungsversicherung um die versicherungsmäßige Deckung eines Nettogewinninteresses.

ζ) Haftpflichtinteresse bei der Inanspruchnahme des Werftunternehmers wegen verspäteter oder mangelhafter Schiffsherstellung

Eine Verspätung oder eine mangelhafte Schiffsherstellung ist nicht immer auf ein Verschulden des Werftunternehmers zurückzuführen. Trotzdem kann die Werft nach §§ 633—636 BGB für die Verspätung oder die mangelhafte Schiffsherstellung vom Besteller in Anspruch genommen werden. Ersatzansprüche wegen mangelhafter Vertragserfüllung werden grundsätzlich vom Schiffsbauversicherer, auch soweit er die Haftpflicht ex contractu des Werftunternehmers deckt, nicht versichert. Der Abschluß einer Versicherung für diesen Fall ist aber zulässig. Dem Werftunternehmer steht nichts im Wege, seine evtl. Haftpflicht wegen verspäteter oder mangelhafter Herstellung durch einen besonderen Haftpflichtversicherungsvertrag zu decken[178]. Der Versicherungsschutz würde sich in diesem Fall nach § 152 VVG auch auf eine Fahrlässigkeit des Versicherungsnehmers erstrecken.

b) Interessen des Schiffsbestellers

aa) Forderungsinteresse wegen der Schiffbauleistung

Durch die der Herstellung des Schiffes drohenden Gefahren wird die Erfüllung der primären Forderung des Schiffsbestellers auf die Schiffs-

---

[176] Vgl. *Domizlaff*, Assekuranz-Jahrbuch, Wien 1911, S. 120—121.

[177] S. *Möller*, Gewinnversicherung, Neuwertversicherung und Taxe, S. 13—14; *Blanck*, S. 86.

[178] Vgl. *Bruck-Möller*, Bd. II, § 49 Anm. 73.

lieferung gefährdet. Geht der Schiffsneubau kurz vor seiner Ablieferung unter, so verliert der Besteller seinen Anspruch auf die Schiffbauleistung. Dem Schiffsbesteller steht hiernach ein versicherbares Forderungsinteresse zu. Der vom Werftunternehmer abgeschlossene Schiffbauversicherungsvertrag enthält der Regel nach keine Klausel zur Deckung des zur Diskussion stehenden Interesses. Zum Schutz seines Forderungsinteresses gegen die Gefahren des Schiffbaus kann der Schiffsbesteller (was aber nicht häufig vorkommt) eine Versicherung für eigene Rechnung abschließen.

Die Versicherung der Forderung des Bestellers auf Vertragserfüllung könnte ihm keinen wesentlichen wirtschaftlichen Schutz gewähren, solange der Werftunternehmer die Vergütungsgefahr trägt. Beim Untergang des Schiffswerkes erspart der Besteller den Betrag der Vergütung, welcher dem Werte der verlorenengegangenen Schiffsleistung entspricht. Trägt aber der Besteller die Vergütungsgefahr, entweder vermöge besonderer Abrede oder z. B. wegen Versendung des Werkes (§§ 644 II, 447 I BGB) oder Annahmeverzugs (§§ 324 II, 644 I, 2 BGB), so ist das Bedürfnis des Schiffsbestellers nach Versicherung seines Erfüllungsanspruches offensichtlich[179]. Auch wenn die Vergütungsgefahr vom Werftunternehmer getragen wird, könnte die Versicherung der Schiffbauforderung für den Besteller von Interesse sein, sofern die Fertigstellung des Schiffes für ihn einen erheblich größeren Wert darstellt als der Wert der Vergütung. Wie aber erwähnt, wird diese Versicherungsmöglichkeit sehr selten vom Schiffsbesteller wahrgenommen. Der Fall entbehrt also einer wesentlichen praktischen Bedeutung.

bb) Kreditinteresse bei Anzahlungen (Kautionsversicherung)

Dem Passiveninteresse der Werft auf Behalten der Vergütungsanzahlung steht ein Kreditinteresse des Schiffsbestellers gegenüber, die entrichtete Anzahlung zurückzuerhalten. Gerät die Werft in Konkurs, so besteht der vom Besteller erlittene Schaden nicht nur in der Beeinträchtigung seiner Schiffbauforderung, sondern unter Umständen auch in der Schädigung seiner Forderung auf Rückgewähr eines Vorschusses auf die Vergütung. Zur Sicherung des durch eine Anzahlung dem Werftunternehmer vom Schiffsbesteller gewährten „Kredites" kann der Besteller eine Kreditversicherung abschließen[180]. In der Regel wird diese Versicherung vom Werftunternehmer zugunsten des Schiffsbestellers genommen; insofern spricht man von einer Kautionsversicherung (Anzahlungskautionsversiche-

---

[179] Solange die Vergütungsgefahr durch den Schiffsbesteller getragen wird, steht ihm außer dem Forderungsinteresse auch ein wirtschaftliches Eigentümerinteresse zu. Dazu *Bruck-Möller* Bd. II, § 49 Anm. 104.

[180] S. *Bruck-Möller*, Bd. II, § 49, Anm. 104.

rung)[181]. Die Werft wird in der Praxis oft auf Grund besonderer Abrede im Schiffbauvertrag verpflichtet, das Kreditinteresse des Schiffsbestellers zu versichern[182].

Das Forderungsinteresse des Bestellers entsteht dabei, sobald er eine Anzahlung vor der normalen Fälligkeit der Vergütung geleistet hat. Das heißt, der Besteller hat ein versicherbares Forderungsinteresse, bevor seine Forderung geltend gemacht werden kann, wenn sie also noch eine Anwartschaft ist. Die versicherte Gefahr besteht in der möglichen Uneinbringlichkeit der Rückforderung des Anzahlungsgläubigers (wie der Besteller von *Groh* genannt wird)[183].

Die Forderung auf völlige oder teilweise Rückgewähr der Vergütung ergibt sich — im Gegensatz zur primären Schiffbauforderung, die dem Besteller nach dem Schiffbauvertrag zusteht — aus dem Gesetz (nach den Vorschriften über die ungerechtfertigte Bereicherung, §§ 812—822 BGB). Durch die Versicherung des Erfüllungsanspruches ist die Uneinbringlichkeit der Forderung auf Rückgewähr der Vergütung zunächst nicht versichert. Das Nichtzustandebringen der Schiffsherstellung und die Unmöglichkeit, die Vergütung zurückzugewähren, sind zwei verschiedene, dem Schiffsbesteller drohende Schäden, und sie benötigen zwei verschiedene Versicherungsvereinbarungen.

Eine Forderung auf Rückzahlung der Vergütung kann auch dann entstehen, wenn der Schiffsbesteller die Vergütungsgefahr trägt. Geht das Werk unter und trägt der Besteller die Vergütungsgefahr, so hat er kein Recht auf Rückgewähr der Vergütung[184]. Ein Schaden am Schiffbauwerk führt nicht ohne weiteres die Verwirklichung der Vergütungsgefahr herbei. Man denke an den Fall, in dem der Schaden vom Werftunternehmer schuldhaft verursacht wurde. Außerdem braucht die Forderung des Bestellers auf Rückgewähr nicht immer die Folge eines Sachschadens zu sein (Konkurs).

---

[181] Hierzu s. *Schloeßmann*, Finke Handwörterbuch, Sp. 1078—1080; s. auch *Sieg*, BetrBer. 1964, S. 17.

[182] Es ist oft nicht leicht zu ersehen, ob durch eine Klausel im Schiffbauvertrag die Verpflichtung des Werftunternehmers zur Versicherung des Kreditinteresses des Schiffsbestellers bestimmt ist, oder ob dadurch lediglich die Regelung der Rechte des Bestellers auf die Versicherungsleistung erfolgt (bzw. ob es sich um eine Abtretung der Versicherungsleistung oder eines Teiles von ihr vom Werftunternehmer an den Schiffsbesteller handelt). In einem englischen Schiffbauvertrag heißt die vergleichbare Klausel wie folgt: „Claims for damages are to be paid by underwriters to purchaser up to the amount for instalments paid. The underwriters are to be advised of this and to so specify in the wording of the policy ..."

[183] *Groh*, BetrBer. 1963, S. 1321.

[184] Vgl. z. B. § 324 II BGB.

Der Schiffsbesteller könnte also die Werft auf Rückgewähr der Vergütung in Anspruch nehmen, auch wenn er an und für sich die Vergütungsgefahr trägt. Eine Kreditversicherung für die geleisteten Anzahlungen wäre also auch für die Zeit, in der der Besteller die Vergütungsgefahr möglicherweise trägt, für ihn von Bedeutung.

cc) Gewinninteresse bei verspäteter Lieferung

Eine Verspätung bei der Ablieferung des bestellten Schiffes kann die zeitweilige Behinderung der wirtschaftlichen Nutzung des Schiffes und folglich einen Gewinnentgang auf seiten des Bestellers zur Folge haben. Dagegen kann der Besteller einen Gewinnversicherungsvertrag abschließen.

Das Interesse des Schiffsbestellers ist in diesem Falle seine Wertbeziehung zu der Anwartschaft, das Schiff vom Ablieferungstermin an wirtschaftlich zu verwenden. Dieses Interesse des Schiffsbestellers ist versicherungsfähig. Die Versicherung des Interesses des Bestellers zur Befriedigung seiner Schiffbauforderung zieht aber nicht ohne weiteres auch die Versicherung seines Gewinninteresses nach sich. Die Versicherung des Gewinninteresses des Bestellers durch den Schiffbauversicherer muß im Versicherungsvertrag ausdrücklich erwähnt worden sein (vgl. § 53 VVG).

Tritt der Versicherungsfall ein, d. h. verspätet sich die Schiffslieferung, so wird der Besteller für den durch die nicht rechtzeitige Übergabe des Schiffes ihm entgangenen Gewinn vom Versicherer entschädigt. Als entgangener Gewinn soll für den hier behandelten Fall nicht nur derjenige, welcher mit Wahrscheinlichkeit nach den vorhandenen Umständen zu erwarten war, angesehen werden[185], sondern auch derjenige, der nach kaufmännischer Berechnung möglicherweise erwartet werden konnte (imaginärer Gewinn)[186]. Wäre z. B. dem Schiffsbesteller die Möglichkeit gegeben, eine Charter unter besonders günstigen Bedingungen zu übernehmen, und wurde diese Möglichkeit durch die verspätete Lieferung verpaßt, so schuldet der Gewinnversicherer auch dann den ganzen Betrag des erhofften Gewinnes, wenn die Übernahme dieses Frachtauftrages durch den Besteller des Schiffes wegen großer Konkurrenz verhältnismäßig wenig wahrscheinlich war.

Der Verlust von erwartetem Gewinn bedeutet für den Schiffsbesteller einen Vermögensschaden. Der erlittene Schaden besteht in der (möglichen) Versäumnis der Vermögensvermehrung des Bestellers infolge der nicht rechtzeitigen Inbetriebnahme des Schiffes. Beeinträchtigt wird sein werdendes Vermögen. Eine Chance (Gewinnanwartschaft) des Schiffsbestel-

---

[185] § 252 BGB, § 53 VVG.

[186] § 100 II ADS, § 793 II HGB; vgl. darüber *Ritter-Abraham,* S. 98—100, § 1 Anm. 54—58.

lers geht verloren[187]. Den Wert des durch den Chancenverlust beeinträchtigten Gewinninteresses stellt der „Realisationswert" der beeinträchtigten Chance dar, nicht der „Chancenwert" selbst[188]. Als entgangener Gewinn darf jedoch nicht der gesamte Betrag des Bruttoertrages, sondern nur der Nettogewinn angesehen werden. „Soll der Unterschied zwischen Brutto- und Nettogewinn mitversichert werden, so muß es besonders vereinbart werden[189].

Ein Gewinninteresse des Schiffsbestellers setzt die Möglichkeit zur spekulativen Verwendung des Schiffes während der Zeit der Verzögerung der Schiffslieferung voraus. Daß die Gewinnmöglichkeit durch einen Fracht- oder sonstigen Vertrag bestätigt wird, ist nicht erforderlich[190]. Durch das Vorhandensein eines Frachtvertrages könnte aber der entgangene Gewinn bewiesen und seine Höhe ermittelt werden. Ist ein Frachtvertrag bereits vor Vollendung der Herstellung des Schiffes abgeschlossen, so tritt von den versicherungsbedürftigen Interessen des Bestellers nicht das Gewinninteresse, sondern das Interesse an der Frachtforderung in den Vordergrund. Nimmt der Schiffsbesteller Versicherung nicht für die gesamte Frachtforderung, sondern nur für den durch den Frachtvertrag erzielten Gewinn (Nettofrachtversicherung), so handelt es sich nicht um eine Fracht-, sondern um eine Gewinnversicherung[191].

dd) *Forderungsinteresse für den Fall, daß die Gewährleistungsansprüche nach §§ 633 II, III, 634, 635 und 636 BGB nicht realisierbar sind*

Für Sachmängel am Schiff kommen, wie oben erwähnt, die Vorschriften des Werkvertrages in Betracht. Dem Schiffsbesteller können die Gewährleistungsansprüche der §§ 633 II, III, 634, 645 wie auch 636, I BGB zustehen. Für den Fall, daß diese Gewährleistungsansprüche (Mangelbeseitigung, Ersatz für die Beseitigungsaufwendungen, insbesondere Herabsetzung der Vergütung, Wandlung oder Rücktritt nach § 636 I BGB) nicht realisierbar sind, kann der Besteller Versicherung nehmen[192]. Versichert wird das Forderungsinteresse des Bestellers, das diese Vorschriften begründen. Im Handelsverkehr nimmt der Unternehmer oft diese Versicherung zugunsten des Bestellers. Insofern spricht man von einer Mängelgewährleistungs-Kautionsversicherung[193].

---

187 Es geht nicht um die Entstehung eines Passivums, sondern um den Verlust eines Aktivums. Hierzu *Bruck-Möller*, Bd. II, Anm. 13 vor §§ 49—80, Anm. 71 zu § 49; *Möller*, Gewinnversicherung, Neuwertversicherung und Taxe, S. 11—12.

188 Dazu *Bruck-Möller*, Bd. II, § 552 Anm. 21.

189 *Ritter-Abraham*, S. 1208, § 100 Anm. 3.

190 Vgl. *Selmer*, ZVersWiss. 1964, S. 472—473.

191 *Argyriadis*, Frachtversicherung, S. 58, 63—65.

192 Vgl. *Bruck-Möller*, Bd. II, § 49, Anm. 104.

193 S. *Schloeßmann*, Funke Handwörterbuch, Sp. 1079.

ee) Passiveninteresse bei Nichterfüllung von Vertragspflichten gegenüber Dritten bei verspäteter oder nicht erfolgter Schiffslieferung

Hat der Schiffsbesteller Frachtverträge vor der Ablieferung des bestellten Schiffes abgeschlossen, so ist er dem Risiko ausgesetzt, nicht imstande zu sein, seine Vertragsverpflichtungen zu erfüllen, wenn sich die Lieferung des Schiffes verzögert oder überhaupt nicht erfolgt. Er läuft dabei die Gefahr, von seinen Gläubigern in Anspruch genommen zu werden. Ihm droht die Entstehung eines Passivums. Durch eine Passivenversicherung könnte der Schiffsbesteller dieses Haftpflichtinteresse schützen. Haftet dabei der Werftunternehmer dafür, daß die Herstellung verzögert wurde oder überhaupt nicht erfolgte — z. B. wegen Verschuldens —, so kann der Versicherer nach § 67 VVG bei der Werft Regreß nehmen.

c) Die versicherten Interessen bei vorzeitiger Eigentumsübertragung

Es war oben die Rede vom Risiko, dem der Schiffsbesteller durch die Entrichtung eines Vorschusses auf den Werklohn ausgesetzt ist. Zur Deckung dieses Risikos kann der Schiffsbesteller, wie oben dargelegt, eine Kreditversicherung abschließen bzw. eine Kautionsversicherung abschließen lassen. Einen anderen Weg zur Sicherung seiner Forderung auf Rückgewähr hat der Besteller durch die Einräumung einer Hypothek am Schiffbauwerk durch die Werft zu seinen Gunsten. Weiter führt zu demselben Ergebnis auch die Sicherungsübereignung des Schiffbauwerks an den Besteller.

Die Werft hat das Eigentum am Schiffbauwerk, soweit das Schiffbaumaterial von ihr beschafft wird (construction à forfait). Ist das Bauwerk in das Schiffbauregister nicht eingetragen worden, so finden bei seiner Veräußerung die allgemeinen Regeln über den Eigentumserwerb an beweglichen Sachen (§§ 929 ff. BGB) Anwendung. Der Eigentumsübergang vollzieht sich durch die Einigung der beteiligten Parteien: der Werftunternehmer bleibt im Besitz des Schiffsneubaus (constitutum possessorium). Die Übergabe der Sache wird dadurch ersetzt, daß zwischen dem Werftunternehmer und dem Schiffsbesteller ein Rechtsverhältnis (der Schiffbauvertrag) besteht, vermöge dessen der Besteller den mittelbaren Besitz erlangt (§ 930 in Verbindung mit § 868 BGB). Ist der Neubau in das Schiffsbauregister eingetragen worden, so erfolgt der Eigentumsübergang nur durch Einigung der Kontrahenten und Eintragung in das Register (§ 3 in Zusammenhang mit § 78 des Schiffsregistergesetzes)[194].

Durch die Übereignung des Schiffsneubaus an den Besteller erfüllt der Werftunternehmer eine von seinen Pflichten. Des weiteren schuldet er nur

---

[194] Hierzu *Groh*, BetrBer. 1963, S. 1321—1322.

noch Herstellung und Ablieferung des Schiffes; seine Eigentumsverschaffungspflicht hat er bereits erfüllt. Hierdurch verwandelt sich der Schiffbauvertrag von einem Werklieferungs- zu einem reinen Werkvertrag. Zwar verpflichtet sich der Werftunternehmer weiter zur Beschaffung des Schiffbaumaterials, das Verhältnis zwischen den Schiffbaupartnern ist aber durch den Fortfall eines begriffswesentlichen Elementes des Werklieferungsvertrages, der Eigentumsübertragungspflicht (§ 651 BGB), verändert worden. Von diesem Zeitpunkt an sind also nur die Vorschriften des Werkvertrages und nicht auch des Kaufs für die Regelung des durch den Schiffbauvertrag begründeten Rechtsverhältnisses maßgebend.

Die vorzeitige Eigentumsübertragung des Schiffsneubaus wird in der Regel von einer Vergütungsanzahlung begleitet. Dies ist aber keine für die Veräußerung erforderliche Voraussetzung. Umgekehrt zieht wiederum die Vergütungsanzahlung nicht die Übereignung des Schiffswerkes nach sich. Wenn nichts anderes vereinbart ist, erfolgt der Eigentumsübergang durch die Ablieferung des fertigen Schiffes[195] (soweit dies noch nicht registriert worden ist; sonst durch die Eintragung des Eigentumsüberganges in das Schiffbauregister). Eine Übereignung des Schiffes zu einem anderen Zeitpunkt setzt die ausdrückliche Erklärung des Willens der Parteien darüber voraus[196]. „Unmöglich ist, anders als nach französischer und englischer Auffassung, die Übereignung von Sachteilen des Schiffes mittels constitutum possessorium, etwa nach Maßgabe des Baufortschritts[197].

aa) Interessen des Werftunternehmers

Durch die Eigentumsübertragung des Schiffbauwerkes an den Besteller geht die vom Werftunternehmer getragene schuldrechtliche Gefahr nicht auf den Schiffsbesteller über. Trägt die Werft die Vergütungsgefahr nach dem Eigentumsübergang weiter, so behält sie immer ihr Forderungsinteresse an dem Werklohn. Angesichts der Vergütungsgefahr behält die Werft

---

[195] Vgl. auch *Maclachlan,* S. 3 „Although the general rule is that the property does not vest in the purchaser before the chattel is completed, nevertheless the property may pass before completion if the parties so intend"; *Ripert,* No. 376; zu alledem s. auch *Vermond,* § 1, No. 20.

[196] Nach *Maclachlan,* (S. 4) wurde die vorzeitige Eigentumsübertragung zum ersten Mal von Lord Tenterden durch das Vorliegen folgender Klausel im Schiffbauvertrag begründet: „This ship is build upon a special contract, and it is part of the terms of the contract that given portions of the price shall be paid according to the progress of the work; part when the keel is laid, part when they are at the light plank. The payment of these instalments appears to us to appropriate specifically to the defendant the very ship so in progress, and to vest in the defendant a property in that ship ..."

[197] *Wüstendörfer,* Tatsachen und Normen, S. 106; vgl. auch zu allem S. 106 bis 114; anders *Wahl,* No. 46; vgl. auch *Vermond,* § 1, No. 20.

nämlich auch ihr versicherbares Eigentümerinteresse an der Sache[198]. Soweit der Werftunternehmer die Ersatzwerkgefahr auch nach der Übereignung des Schiffswerkes zu tragen hat, steht ihm das oben erörterte Haftpflichtinteresse zu.

Durch die Eigentumsübertragung an sich wird die Interessenlage des Werftunternehmers nicht wesentlich verändert, nur das formelle Eigentumsinteresse ist an den Schiffsbesteller übergegangen. Eine Wandlung der Interessenlage der Werft erfolgt nur durch die Änderung bzw. durch die Übernahme der schuldrechtlichen Gefahr, die der Werftunternehmer zu tragen hat, durch den Besteller.

Die sonstigen Interessen der Werft (Sachwertinteresse, Betriebshaftpflichtinteresse, Betriebsunterbrechungsinteresse, Passiveninteresse bei der Rückzahlung eines Vergütungsvorschusses und Haftpflichtinteresse bei einer verspäteten oder mangelhaften Schiffsherstellung) werden durch den Eigentumsübergang des Schiffbaus an den Besteller nicht berührt.

Besonders augenfällig und versicherungsbedürftig wird, wenn der Besteller das Eigentum am Schiffbauwerk erhält, hier das Kreditinteresse der Werft[199]. Zwar behält die Werft nach der Eigentumsübertragung ein Zurückbehaltungsrecht an dem Werk[200]; diese Tatsache könnte ihr aber im Falle eines Konkurses des Bestellers insofern nicht von Nutzen sein, als das Schiffbauwerk hier als Eigentum des Konkursschuldners in die Konkursmasse eingeht.

bb) Interessen des Schiffsbestellers

Der Schiffsbesteller erwirbt durch die Übereignung des Schiffbauwerkes an ihm ein Eigentumsinteresse an der Sache. Ist aber die Vergütungsgefahr nicht auf ihn übergegangen, so wird sein Sachschaden im Falle eines Untergangs des Schiffswerkes durch den Fortfall seiner Verpflichtung zur Vergütung in etwa ausgeglichen. Die Tatsache, daß der Besteller hierbei den Betrag der Vergütung erspart, wird bei der Abschätzung der Versicherungsentschädigung, falls er sein Eigentumsinteresse versichert hat, berücksichtigt. Die Versicherung des formalen Eigentumsinteresses des Schiffsbestellers scheint daher — soweit er die Vergütungsgefahr nicht zu tragen hat — nicht von erheblicher Bedeutung für ihn zu sein.

---

198 Vgl. *Bruck-Möller*, Bd. II, § 49, Anm. 104.

199 Aus demselben Grund gewährt das Gesetz der Werft hier auch einen Hypothekentitel (§ 648 II BGB).

200 Ein Unternehmerpfandrecht nach § 647 BGB steht hier dem Werftunternehmer nicht zu (§ 648 II BGB). Daher kommt, ausnahmsweise für Werkverträge, § 273 BGB (Zurückbehaltungsrecht) zum Zuge.

Der Inhalt der Forderung des Schiffsbestellers gegen die Werft ist durch die Eigentumsübertragung verändert worden. Die Werft schuldet nur noch das Erbauen und Abliefern des Schiffes, nicht die Eigentumsverschaffung. Auch für diese Forderung kann der Besteller — nach Maßgabe des oben Erörterten[201] — Versicherung nehmen.

Was endlich oben über die sonstigen versicherungsfähigen und versicherungsbedürftigen Interessen des Schiffsbestellers (Kreditinteresse, Gewinninteresse, Forderungsinteresse im Falle der Nichtrealisierbarkeit der Gewährleistungsansprüche des Bestellers und Passiveninteresse für die Nichterfüllung von Vertragsverpflichtungen gegenüber Dritten usw.) ausgeführt wurde, trifft auch für den hier behandelten Fall zu.

II. „CONSTRUCTION POUR COMPTE"

1. Rechtsnatur und Inhalt des Vertrages

Als zweiter Fall von Schiffbauvertrag soll die „construction pour compte" (Bau für fremde Rechnung) untersucht werden. Die Erörterung der versicherten Interessen der bei dieser Vertragsart in Betracht kommenden Parteien hat eine fast nur theoretische Bedeutung insofern, als heutzutage ein derartiger Schiffbauvertrag in der Praxis kaum vorkommt. Die technische Entwicklung des Schiffbaus gibt selten den beteiligten Parteien die Möglichkeit, einen Vertrag in der Form der „construction pour compte" zu vereinbaren.

Die Kontrahenten bei dieser Vertragsart sind die gleichen wie bei der „construction à forfait", d. h. grundsätzlich ein Reeder und ein Werftunternehmer. Der Unternehmer verpflichtet sich, ein Schiff aus dem vom Besteller gelieferten Material zu konstruieren[202], der Besteller seinerseits haftet für die Entrichtung der vereinbarten Vergütung. Es liegt bei der „construction pour compte" immer ein Werkvertrag im Sinne des § 631 BGB zugrunde. Der Werftunternehmer stellt die Arbeiter ein und steht diesen als einziger Schuldner gegenüber. Der Besteller bleibt Eigentümer. Sein Eigentum an dem Material wandelt sich in ein Recht an dem bestellten Schiff. Das Eigentum an dem Schiff erwirbt er originär[203]. Der Unternehmer erhält durch die Verarbeitung des Stoffes das Eigentum an dem fabrizierten Schiff nicht. Der § 950 BGB darf im vorliegenden Fall keine Anwendung finden[204]. Zwischen dem Besteller und dem Spezifikanten

---

[201] S. Kap. B, I, 3, b, aa.

[202] Zudem trifft den Unternehmer auch die Verpflichtung, dem Besteller das hergestellte Schiff abzuliefern. S. *Dernburg*, § 319, S. 495 f.

[203] So auch *Spiliopoulos*, Nr. 101, I.

[204] Vgl. *Riezler*, S. 29; *Brunetti*, S. 399; *Spiliopoulos*, Nr. 101, S. 236 f.; anderer Meinung *Pappenheim*, S. 91 f.

steht der Werkvertrag, der die Anwendbarkeit der Regeln der Spezifikation verhindert.

2. Versicherte Interessen

Der Schiffsbesteller hat als Eigentümer des sich im Bau befindlichen Schiffes ein Sachinteresse an dem Werk. Darüber hinaus steht ihm auch ein Forderungsinteresse an der Erfüllung der ihm geschuldeten Werkleistung zu. Der Unternehmer seinerseits hat auch wirtschaftliche Interessen, die er unter Versicherung bringen kann. Der Fall zeigt im allgemeinen eine Komplexität von Interessen auf, die regelmäßig bei Werkverträgen anzutreffen ist. Bei der Klarstellung und Auseinandersetzung der Interessen der Parteien spielt die schuldrechtliche Gefahrtragung im oben dargelegten Maße eine entscheidende Rolle. Über die Art und die Rechtswirkungen der Gefahrtragung, wie sie den beteiligten Parteien jeweils auferlegt ist, gilt mutatis mutandis, was bei der „construction à forfait“ bereits erwähnt wurde. Die Klarstellung der Natur der diversen Interessen der Parteien erfolgt nach den Auswirkungen, die die Gefahrtragung für die mit ihr jeweils belastete Partei haben kann. Man sollte die Interessen der Parteien getrennt untersuchen.

a) Interessen des Schiffsbestellers

bb) Sachwertinteresse

Der Schiffsbesteller bleibt, wie erwähnt, während der Bauzeit Eigentümer des Schiffbauwerkes. Ihm steht ein formelles versicherbares Eigentumsinteresse an dem Neubau zu. Ein zufälliger Schaden am Schiffbauwerk trifft aber insofern den Werftunternehmer, als er die Vergütungsgefahr nach § 644 Abs. 1 S. 1 BGB zu tragen hat. Der zu Lasten des Bestellers gehende Sachschaden wird also durch die Tatsache gemildert, daß er den Betrag der dem Unternehmer geschuldeten Vergütung erspart. Der tatsächlich von ihm erlittene Schaden erstreckt sich nicht auf das gesamte untergegangene Schiffswerk, als Additionsergebnis von Stoff und Arbeit gesehen, sondern nur auf den Wert des Schiffswerkes nach dem Abzug des Wertes der Arbeit (Vergütungssumme), die er nicht mehr zu entgelten hat. Der Schaden des Bestellers besteht also nur in dem Verlust von Material. Sein tatsächlich versicherungsbedürftiges Sachinteresse bezieht sich nicht auf die Sache als solche (Werkerfolg), sondern nur auf das von ihm gelieferte Material. Als solches gilt sowohl der bereits zur Herstellung des Schiffes verwendete als auch der noch nicht verarbeitete Stoff. Der Besteller hat nämlich die „Gefahr“ für die gesamten von ihm gelieferten Materialien zu tragen (§ 644 Abs. 1 S. 3 BGB). Er ist dem Risiko ausgesetzt, entweder sein Sachenrecht an den Materialien zu verlieren, oder zudem auch weitere Materialien für die Ausbesserung oder

Neuherstellung des zerstörten Schiffsneuwerkes liefern zu müssen, falls er an der Fortführung des Schiffbaus ein Interesse hat. Im wesentlichen erschöpft sich also das Sachinteresse des Schiffsbestellers im Werte des von ihm gelieferten Materials.

Das oben Erwähnte gilt insofern, als der Werftunternehmer die Vergütungsgefahr trägt. Wie vorstehend dargelegt, führt aber ein Schaden am Schiffsneubau nicht ohne weiteres die Unausführbarkeit des Werkes und die Befreiung des Unternehmers herbei. Die Werft kann unter Umständen nach dem Eintritt des Schadens weiter leistungsfähig bleiben[205]. Tritt also die Ersatzwerkgefahr für den Werftunternehmer ein, so verpflichtet er sich, zusätzliche Arbeit für die Ausbesserung des Werkes zu erbringen. Die Beschaffung der erforderlichen neuen Materialien obliegt aber bei Zufallsschäden stets dem Schiffsbesteller (§ 644, Abs. 1, S. 3 BGB). Das versicherungsbedürftige Interesse des Bestellers beschränkt sich also auch hier auf die Höhe des Wertes des Schiffbaumaterials. Eine Versicherung des Schiffswerkes als ein Arbeitserfolg ist für den Besteller auch in diesem Fall nicht von Belang.

Das bei der „construction pour compte“ tatsächlich gefährdete Sachinteresse des Bestellers erstreckt sich daher auf die Höhe des von ihm zu beschaffenden Schiffbaustoffes. Die Erfahrung lehrt, daß bei Werkverträgen diese Sachversicherung oft vom Unternehmer für Rechnung des Bestellers genommen wird[206]. Nicht selten ist der Unternehmer dazu kraft besonderer Abrede verpflichtet. Es handelt sich um eine Versicherung für fremde Rechnung.

bb) Forderungsinteresse

Durch die Gefahren des Schiffbaus ist die Forderung des Bestellers auf die Werkleistung bedroht. Solange der Unternehmer die Ersatzwerkgefahr trägt (und wirklich bereit ist, im gegebenen Fall das Ersatzwerk zu leisten), wird das Recht des Bestellers zur Erlangung der Werkleistung nicht gefährdet; dubios ist die Erfüllung seiner Forderung, solange der Unternehmer die Vergütungsgefahr trägt. Geht das Werk während dieser Zeit unter, so verliert der Besteller seinen Anspruch auf die Werkleistung. Dem Besteller steht daher ein versicherbares Forderungsinteresse zu. Hierbei soll aber wieder die Tatsache berücksichtigt werden, daß der Besteller nach dem Schaden nicht mehr seine Gegenleistung zu entrichten verpflichtet ist. Unter Heranziehung des Grundsatzes des Bereicherungsverbotes soll der Betrag der ersparten Vergütung wieder vom Werte der versicher-

---

[205] Hierzu gilt das gleiche, was oben bei der „construction à forfait“ (Kap. B, I, 2, b und c) erwähnt wurde.

[206] Vgl. *Dernburg*, S. 495; *Enneccerus-Lehmann*, S. 637.

ten Forderung abgezogen werden. Es steht daher fest, daß durch die Vereinbarung einer Forderungsversicherung selten (etwa im Falle einer Preissteigerung der Schiffbaumaterialien) der Besteller einen bedeutenden Nutzen zu erwarten hat. Auch hier hat also der Besteller im wesentlichen kein Interesse, eine Versicherung gegen die Gefahren des Schiffbaues zu nehmen.

Man darf hiernach folgern, daß die wirtschaftlichen Interessen des Schiffsbestellers (abgesehen vom Sachwertinteresse an den Schiffbaumaterialien) bei der „construction pour compte" insofern nicht versicherungsbedürftig erscheinen, als der Werftunternehmer die schuldrechtliche „Gefahr" zu tragen hat.

cc) Sonstige Interessen

Der Eintritt eines Schadens am Schiffbauwerk kann weitere, mittelbare schädliche Folgen für den Besteller herbeiführen. Wie bei der „construction à fortait" können hierbei auch die oben erwähnten Arten von Versicherungsverträgen auftauchen, namentlich Versicherung von entgangenem Gewinn, Kreditversicherung für Anzahlungen des Baupreises, Versicherung für den Fall der Nichtrealisierbarkeit der Gewährleistungsansprüche nach §§ 633, II, III, 634, 635, und überhaupt Passivenversicherung für den Fall der Nichterfüllung von Vertragsverpflichtungen gegenüber dritten Personen bei verspäteter oder nicht erfolgter Lieferung des Schiffes. Für diese Versicherungsmöglichkeiten gilt das gleiche, was bei dem Fall der „construction à forfait" bereits erwähnt wurde. Der wesentliche Unterschied zwischen beiden Schiffbauverträgen, nämlich, daß hierbei Lieferer des Baustoffes der Besteller und nicht der Unternehmer ist, führt nicht zu einer unterschiedlichen Behandlung dieser Versicherungsverträge. Bei der „construction pour compte" ist noch auf eine weitere mögliche Versicherungsabrede hinzuweisen, die ein besonders vorsichtiger Schiffsbesteller treffen könnte. Es handelt sich um das Interesse des Bestellers an seiner Risikoentlastung gegen die Folgen einer möglichen Anwendung des § 645 BGB. Wenn nämlich das Werk vor der Abnahme infolge eines Mangels des von dem Besteller gelieferten Stoffes beschädigt wird, kann der Unternehmer einen der geleisteten Arbeit entsprechenden Teil der Vergütung und auch Ersatz für die in der Vergütung nicht inbegriffenen Auslagen verlangen. Eine Passivenversicherung könnte im gegebenen Fall gegen dieses Haftpflichtrisiko den Interessen des Bestellers dienen.

b) Interessen des Werftunternehmers

Was bereits über die Interessen des Unternehmers bei der „construction à forfait" erwähnt wurde, gilt im allgemeinen (mutatis mutandis) auch hinsichtlich der Interessen der Werft, bei der „construction pour compte". Die Art der Gefahrtragung des Unternehmers spielt auch hier die gleiche entscheidende Rolle. Bei der Vergütungsgefahr kommt die Forderungsversicherung, bei der Ersatzwerkgefahr die Haftpflichtversicherung in Betracht. Es ist nur noch hinzuzufügen, daß dem Unternehmer hierbei nur ein aus seiner obligatorischen Beziehung zum Besteller resultierendes Erhaltungsinteresse am Schiffsobjekt zusteht und kein Eigentumsinteresse, da Eigentümer des Bauwerkes der Besteller ist. Die Vereinbarung einer Sachversicherung wäre indessen auf Grund dieses Sacherhaltungsinteresses immer möglich[207]. In den Vordergrund tritt aber, wie bereits erklärt, die Forderungs- und die Haftpflichtversicherung.

So auch bei der Behandlung der hierbei auftauchenden „sonstigen Interessen" des Werftunternehmers, die in Zusammenhang mit dem Schiffbau stehen. Folgende Versicherungsmöglichkeiten können unter den bei der „construction à forfait" erwähnten Voraussetzungen vorkommen: Sachversicherung für eigene Sachen des Werftunternehmers, Betriebsunterbrechungsversicherung, Kreditversicherung gegen Insolvenz des Bestellers, Versicherung gegen die Gefahr der Rückzahlung eines Vorschusses auf den Werklohn und Betriebshaftpflichtversicherung. Ein weiteres Haftpflichtrisiko ergibt sich bei der „construction pour compte" für den Unternehmer in bezug auf die Bestellermaterialien. Ein Schaden an den Materialien des Bestellers geht zu seinen Lasten, soweit der Schaden durch Zufall verursacht wurde. Der Unternehmer kann aber für den Fall einen Versicherungsvertrag abschließen, daß der Stoff durch seine eigene Fahrlässigkeit beschädigt wird. Gedeckt wird sowohl leichte als auch grobe Fahrlässigkeit (§ 152 VVG).

III. „CONSTRUCTION PAR ÉCONOMIE"

Der Eigenbau („construction par économie") ist die heutzutage am seltensten vorkommende Art der Herstellung eines Schiffes. Dabei handelt es sich um keinen Schiffbauvertrag. Der Bauherr baut selbst oder stellt Arbeiter ein. Zwischen ihm und den Arbeitern besteht ein Dienstvertrag. Ein Werkvertrag könnte nur in dem Fall vorkommen, in dem ein bestimmter Teil oder Zubehör des erbauten Schiffes Gegenstand des Vertrages wäre. Das wäre aber kein „Schiffbauvertrag". Der Bauherr baut hierbei im eigenen Namen und für eigene Rechnung; er besorgt selbst die erforderlichen Materialien und verhandelt direkt mit den Arbeitern und Lieferanten, ohne daß er Werkunternehmer einschaltet. Er baut aus eigener Initiative und ist sozusagen die zentrale Figur des Schiffbaus. Der Bauherr bleibt Eigentümer des Bauobjektes und der Materialien und trägt alle dem Schiffbau drohenden Risiken (casum sentit dominus).

---

[207] Vgl. oben unter Kap. B, I. 3, a, bb.

In der „construction par économie" beabsichtigt der Bauherr, entweder das Schiff für eigene gewerbliche Zwecke zu gebrauchen oder es spekulativ zu verkaufen[208]. Der erste Fall kann heute nur noch theoretisch vorkommen. Die technischen Erfordernisse eines Schiffbaus in unserer Zeit sind so zahlreich und mannigfaltig, daß ein Reeder oder Schiffseigentümer sie nicht zur Verfügung halten könnte. In vergangenen Jahrhunderten, als der Holzschiffbau noch handwerksmäßig vorgenommen wurde, kam der Eigenbau jedoch häufig vor [209]. Auch der zweite Fall tritt heutzutage ganz selten in Erscheinung, doch kann er noch in der Form auftauchen, daß Werften Schiffe auf Grund erprobter und bewährter Entwürfe ohne Bestellung herstellen in der Absicht, nachträglich ein günstiges Kaufangebot zu bekommen[210]. Auf diese Weise spart zwar die Werft bedeutende Aufwendungen (Zeichnungs- und Berechnungskosten); doch muß sie für eine längere Zeit ein bedeutendes Kapital binden und dabei das Risiko eingehen, keinen Käufer zu dem kalkulierten Preis finden zu können.

Vom versicherungsrechtlichen Standpunkt aus gesehen ist der Bauherr in beiden Fällen die einzige Person, deren Interessen von einem Ausfall der Schiffsherstellung gefährdet werden und die gegen die Risiken des Schiffbaus Versicherung für eigene Rechnung nehmen kann. Im ersten der beiden Fälle tritt das Eigentümerinteresse des Bauherrn an dem Schiffsobjekt in den Vordergrund. Weiter sind aber noch andere Versicherungsmöglichkeiten denkbar, z. B. eine Betriebsunterbrechungsversicherung, eine Betriebshaftpflichtversicherung, eine Sachversicherung gegen Beschädigung der Werftanlagen oder eine Passivenversicherung für den Fall der Nichterfüllung von Vertragsverpflichtungen gegenüber dritten Personen bei verspäteter oder nicht erfolgter Fertigstellung.

Im zweiten Fall steht dem Bauherrn ein versicherbares Eigentümerinteresse immer zu, ein Interesse an der Erhaltung des auf Grund des günstigen Verkaufs des Schiffes erhofften Gewinnes stellt auch eine für den Bauherrn bedeutsame Versicherungsmöglichkeit dar[211]. Zudem kommen noch sonstige Schäden am Schiffbau in Betracht, die auch versicherungsmäßig gedeckt werden können. Man denke auch hierbei an ein Betriebsunterbrechungsrisiko oder an das Sachwertinteresse des Bauherrn an den Werfteinrichtungen. Weiter ist auch eine Haftpflichtversicherung

---

[208] Vgl. *Cresp,* Tome I, S. 223.

[209] S. *Lyon-Caen et Renault,* Nr. 148, „Autrefois la construction par économie était fréquente, il en était même encore ainsi aux XVIIe et XVIIIe siècles". S. auch *Wüstendörfer,* Tatsachen und Normen, S. 7.

[210] Was früher häufig von Werften in Großbritannien praktiziert wurde. S. *Lyon-Caen et Renault,* No. 148, S. 135 (2); So auch *Wüstendörfer,* Tatsachen und Normen, S. 8.

[211] Zu ähnlichem Fall vgl. *Riska,* ZVersWiss. 1964, S. 469.

für die durch den Werftbetrieb entstandenen Ersatzverpflichtungen gegen dritte Personen denkbar, wie oben bei der Erörterung des Falles der „construction à forfait" dargestellt wurde. Die nähere Befassung mit diesen Versicherungsmöglichkeiten hätte aber nur eine theoretische Bedeutung insofern, als — wie bereits dargelegt — die Schiffbauart heutzutage nur als seltene Ausnahme vorkommt.

ANHANG

Allgemeine Versicherungsbedingungen für die Schiffbauversicherung

Klauseln für Bau-Risiken (Endwert)

§ 1.

Versichert sind der Neubau und dessen Zubehör, ferner die für den Neubau und dessen Zubehör bestimmten Gegenstände, welche Bestandteil des Neubaues oder des Zubehörs werden sollen (Konstruktionsteile), Zubehör und Konstruktionsteile jedoch nur dann, wenn sie bereits für den Neubau verbucht sind. Zubehör und Konstruktionsteile sind auf dem Werftgelände oder bei der Lagerung in von der Werft verwandten Fahrzeugen, die an den Werftanlagen liegen, und während des Transportes in Fahrzeugen von einem Teil des Werftgeländes zum andern versichert. Werden Zubehör oder Konstruktionsteile durch Seeschiffe angebracht und an die Werft mittels Schuten oder Leichter geliefert, so sind sie auch während dieses Schuten- oder Leichtertransportes durch die Versicherung gedeckt, wenn die Werft im Verhältnis zum Lieferanten die Gefahr während des Schuten- oder Leichtertransportes trägt.

Neubau, Zubehör und Konstruktionsteile sind gegen Beschädigung und Verlust versichert. Die Versicherung deckt in Gemäßheit der Bestimmungen der ADS alle Gefahren (vgl. § 8); auch Schäden, die durch Arbeiter der Werft verursacht wurden, sind zu ersetzen. Ferner sind zu ersetzen der Werft zur Last fallende Kosten, welche mit oder ohne Erfolg aufgewendet werden, um den infolge eines Versicherungsfalles beschädigten Versicherungsgegenstand zu heben, zu beseitigen oder zu vernichten.

§ 2.

Werftanlagen sind nach den folgenden Bestimmungen durch diese Versicherung gedeckt.

Als Werftanlagen gelten alle dem Betrieb der Werft dienenden beweglichen und unbeweglichen Gegenstände auf dem Werftgelände, also dauernde Einrichtungen und zum Verbrauch im Werftbetrieb bestimmtes Material. Ausgenommen sind: der Helgen, Pallungshölzer, Stapel- und Stellagehölzer, Laufbohlen, Gerüststangen und dergleichen, ferner Hilfseinrichtungen, z. B. Heftschrauben, Dampfleitungen, elektrische Leitungen, Preßluftschläuche, Heizanlagen (über Einschluß in die Versicherung vgl. § 3).

Die vorstehend bezeichneten Werftanlagen sind gegen Beschädigung und Verlust versichert, falls der Schaden durch körperliche Einwirkung des auf dem Werftgelände befindlichen Neubaues, seines Zubehörs oder der Konstruktionsteile auf die Werftanlagen verursacht wird, und zwar auch dann, wenn die Einwirkung durch vorsätzliches oder fahrlässiges Verhalten der Arbeiter der Werft verursacht ist.

Zu ersetzen sind die Kosten der Aufräumungsarbeiten; im Falle eines Schadens durch Feuer jedoch nur im Verhältnis eines der Police zur Last fallenden Schadens zum Gesamtschaden.

§ 3.

Auf Antrag des Versicherungsnehmers können die beim Bau verwendeten Pallungshölzer, Stapel- und Stellagehölzer, Laufbohlen, Gerüststangen und dergleichen versichert werden.

Die Versicherung erfolgt zu den Prämien und Bedingungen der Police. Die Versicherung beginnt mit dem Aufbau der Hölzer am Schiffsneubau oder der sonstigen tatsächlichen Verwendung der Hölzer oder dem Aufhören sonstiger Verwendung der Hölzer beim Bau.

Schäden, welche sich als gewöhnliche Folge der Verwendung der Hölzer beim Bau darstellen, insbesondere Abnutzung, Fortschwimmen beim Stapellauf oder Hochwasser, sind von der Versicherung ausgeschlossen. — Ein etwaiger Teilschaden wird in Gemäßheit § 93 ADS (Beschädigung) berechnet.

Die Hölzer sind in ihrer Gesamtheit separat zu taxieren.

§ 4.

Während des Stapellaufes, der daran anschließenden Verholung des Neubaues zur Werft und beim Liegen und Weiterbau an der Werft ist der Neubau auf dem Wasser ebenso versichert wie auf dem Werftgelände (§1). Eine Beschädigung des Helgens beim Stapellauf ist durch die Versicherung mitgedeckt. Beim Mißlingen des Stapellaufes sind die durch den erneuten Stapellauf erforderten Aufwendungen vom Versicherer zu tragen.

Beim Ablauf des Schiffes vom Helgen und während der daran anschließenden Verholung des Neubaues zur Werft haften die Versicherer auch für einen Schaden, den die Werft dadurch erleidet, daß sie im Falle eines Zusammenstoßes des Neubaues mit Schiffen, festen oder schwimmenden Gegenständen den einem Dritten dadurch entstandenen Schaden zu ersetzen hat. Das gleiche gilt im Falle eines nautischen Verschuldens ohne Zusammenstoß beim Verholen des Neubaues, für welches die Werft einem Dritten verantwortlich ist, und für einen Schaden, entstanden durch Sog oder die Flutwelle, welche der vom Helgen ablaufende Neubau verursacht. Eigene Anlagen oder Fahrzeuge der Werft gelten als fremdes Eigentum. Ausgenommen sind Schadensersatzansprüche der auf dem Neubau und den zum Bugsieren des Neubaues benutzten Schleppern befindlichen Personen sowie Schadensersatzansprüche von Angestellten und Arbeitern der Werft.

§ 5.

Die Versicherer haften, falls die Probefahrt mitversichert wird, während der Probefahrt mit oder ohne Ladung gemäß ADS (vgl. §§ 6—8), jedoch gilt die Bestimmung des § 58 ADS über Seeuntüchtigkeit, soweit die Seeuntüchtigkeit auf das Schiff selbst oder sein Zubehör zurückzuführen ist, als aufgehoben; dagegen tragen die Versicherer nicht die Kosten, die zur Beseitigung der Seeuntüchtigkeit des Schiffes oder eines sonstigen Konstruktionsfehlers aufzuwenden sind, und nicht etwaige Schadensersatzansprüche der Ladung.

In Änderung des § 65 ADS (Kajüts- und Maschinenschäden) werden Kajüts- und Maschinenschäden, wie Schäden am Schiffsrumpf, ersetzt.

§ 78 ADS (Mittelbarer Kollisionsschaden) wird auf Zusammenstoß mit festen oder schwimmenden Gegenständen ausgedehnt, dabei gelten eigene Anlagen oder

Fahrzeuge der Werft als fremdes Eigentum. Desgleichen wird die Haftung für nautisches Verschulden ohne Zusammenstoß durch die Versicherung gedeckt. Für Tod oder Verletzung von Personen, die sich an Bord des die Probefahrt ausführenden Schiffes befinden, haften die Versicherer nicht. § 59 ADS (Abnutzung, Alter usw.) und § 76 ADS (Unterschied zwischen neu und alt) werden aufgehoben.

§ 6.

In Änderung des § 34 ADS (Schaden von weniger als 3 %) wird bestimmt, daß die Schäden, die durch *ein* Schadensereignis entstanden sind, und 1 pro Mille der Versicherungssumme nicht erreichen, von den Versicherern nicht zu ersetzen sind, es sei denn, daß der Schaden mehr als DM 1000 beträgt. Für Schäden, die während der Probefahrt durch verschiedene Schadensereignisse verursacht werden, wird eine Trennung nach Schadensereignissen nicht vorgenommen.

§ 7.

Für Schäden an den versicherten Gegenständen und den Werftanlagen zusammengerechnet können die Versicherer nicht mit einem höheren Betrage als dem Wiederherstellungswert des Neubaues, des versicherten Zubehörs und der versicherten Konstruktionsteile zur Zeit des Schadensereignisses in Anspruch genommen werden. Auch haften die Versicherer nicht über die Versicherungssumme hinaus. Ausgenommen sind die gemäß § 1 Absatz 2, letzter Satz zu ersetzenden Kosten, für welche die im vorstehenden bestimmte Haftungsgrenze des Wiederherstellungswertes um 25 % überschritten werden kann. Nach einem Schadensereignis ergänzt sich die Versicherungssumme um den als Schaden bezahlten Betrag.

Während des Stapellaufes und der daran anschließenden Verholung zur Werft ist die Haftung der Versicherer für alle Schäden gemäß § 37 ADS (Grenze der Haftung) durch den Wiederherstellungswert des versicherten Neubaues, des versicherten Zubehörs und der versicherten Konstruktionsteile zur Zeit des Schadensereignisses begrenzt.

Während der Probefahrt ist die Haftung der Versicherer für alle Schäden gemäß § 37 ADS (Grenze der Haftung) durch die Versicherungssumme begrenzt.

§ 8.

Für diese Versicherung sind die Allgemeinen Deutschen See-Versicherungs-Bedingungen maßgeblich, soweit nichts Gegenteiliges bestimmt ist.

Allgemein ausgenommen von der Versicherung sind Schäden, die sich als eine Folge der Bearbeitung der versicherten Gegenstände im vorgeschriebenen oder üblichen Arbeitsgange darstellen oder auf ein Verschulden der Werftleitung*)

*) Unter Werftleitung ist zu verstehen:
bei einer AG sämtliche Vorstandsmitglieder,
bei einer GmbH sämtliche Geschäftsführer,
bei einer oHG sämtliche Gesellschafter,
bei einer KG sämtliche unbeschränkt haftenden und alleingeschäftsführenden Gesellschafter,
bei einer Einzelfirma der Inhaber.

zurückzuführen sind. Ausgenommen sind ferner Schäden, verursacht durch Krieg, Verfügung von hoher Hand, angemaßte Gewalt und bewaffneten Aufstand.

Im Falle eines Streiks, einer Aussperrung oder sonstiger Arbeitsruhe sind Schäden an den versicherten Gegenständen, welche ohne ein besonderes schadenstiftendes Ereignis entstehen, z. B. Verderb infolge fehlender Bearbeitung während eines Streiks, durch diese Versicherung nicht gedeckt.

§ 9.
Enteignungsklausel

Der Versicherer haftet nicht für einen Schaden, der dadurch verursacht wird, daß das Bauobjekt in Ausführung von Waffenstillstands- oder Friedensverträgen zwischen Deutschland und fremden Mächten enteignet oder ausgeliefert wird.

§ 10.
Minenausschlußklausel

Die Versicherung deckt nicht die Gefahr der Beschädigung oder des Verlustes, verursacht durch Minen, Torpedos, Bomben und andere Kriegswerkzeuge jeglicher Art, gleichgültig, ob diese Gegenstände anläßlich eines Krieges von den kriegführenden oder neutralen Mächten verwendet werden oder ob aus ihrem Vorhandensein im Frieden der Schaden entsteht.

§ 11.
Kernenergie-Klausel

Die Versicherung deckt nicht die Gefahren der Kernenergie und Radioaktivität. Die Versicherer haften demnach nicht für Schäden, die unmittelbar oder mittelbar durch eine dieser Gefahren verursacht sind.

Klauseln für Bau-Risiken (Staffelsystem)

§ 1.

Versichert sind der Neubau und dessen Zubehör, ferner die für den Neubau und dessen Zubehör bestimten Gegenstände, welche Bestandteil des Neubaues oder des Zubehörs werden sollen (Konstruktionsteile), Zubehör und Konstruktionsteile jedoch nur dann, wenn sie bereits für den Neubau verbucht sind. Zubehör und Konstruktionsteile sind auf dem Werftgelände oder bei der Lagerung in von der Werft verwandten Fahrzeugen, die an den Werftanlagen liegen, und während des Transportes in Fahrzeugen von einem Teil des Werftgeländes zum andern versichert. Werden Zubehör oder Konstruktionsteile durch Seeschiffe angebracht und an die Werft mittels Schuten oder Leichter geliefert, so sind sie auch während dieses Schuten- oder Leichtertransportes durch die Versicherung gedeckt, wenn die Werft im Verhältnis zum Lieferanten die Gefahr während des Schuten- oder Leichtertransportes trägt.

Neubau, Zubehör und Konstruktionsteile sind gegen Beschädigung und Verlust versichert. Die Versicherung deckt in Gemäßheit der Bestimmungen der ADS alle Gefahren (vgl. § 8); auch Schäden, die durch Arbeiter der Werft verursacht wurden, sind zu ersetzen. Ferner sind zu ersetzen der Werft zur Last fallende Kosten, welche mit oder ohne Erfolg aufgewendet werden, um den infolge eines Versicherungsfalles beschädigten Versicherungsgegenstand zu heben, zu beseitigen oder zu vernichten.

§ 2.

Werftanlagen sind nach den folgenden Bestimmungen durch diese Versicherung gedeckt.

Als Werftanlagen gelten alle dem Betrieb der Werft dienenden beweglichen und unbeweglichen Gegenstände auf dem Werftgelände, also dauernde Einrichtungen und zum Verbrauch im Werftbetrieb bestimmtes Material. Ausgenommen sind: der Helgen, Pallungshölzer, Stapel- und Stellagehölzer, Laufbohlen, Gerüststangen und dergleichen, ferner Hilfseinrichtungen, z. B. Heftschrauben, Dampfleitungen, elektrische Leitungen, Preßluftschläuche, Heizanlagen (über Einschluß in die Versicherung vgl. § 3).

Die vorstehend bezeichneten Werftanlagen sind gegen Beschädigung und Verlust versichert, falls der Schaden durch körperliche Einwirkung des auf dem Werftgelände befindlichen Neubaues, seines Zubehörs oder der Konstruktionsteile auf die Werftanlagen verursacht wird, und zwar auch, wenn die Einwirkung durch vorsätzliches oder fahrlässiges Verhalten der Arbeiter der Werft verursacht ist.

Zu ersetzen sind Kosten der Aufräumungsarbeiten; im Falle eines Schadens durch Feuer jedoch nur im Verhältnis eines der Police zur Last fallenden Schadens zum Gesamtschaden.

§ 3.

Auf Antrag des Versicherungsnehmers können die beim Bau verwendeten Pallungshölzer, Stapel- und Stellagehölzer, Laufbohlen, Gerüststangen und dergleichen versichert werden.

Die Versicherung erfolgt zu den Prämien und Bedingungen der Police. Die Versicherung beginnt mit dem Aufbau der Hölzer am Schiffsneubau oder der sonstigen tatsächlichen Verwendung der Hölzer beim Bau. Die Versicherung endet mit dem Abbau der Hölzer oder dem Aufhören sonstiger Verwendung der Hölzer beim Bau.

Schäden, welche sich als gewöhnliche Folge der Verwendung der Hölzer beim Bau darstellen, insbesondere Abnutzung, Fortschwimmen beim Stapellauf oder Hochwasser, sind von der Versicherung ausgeschlossen. — Ein etwaiger Teilschadens wird in Gemäßheit § 93 ADS (Beschädigung) berechnet.

Die Hölzer sind in ihrer Gesamtheit separat zu taxieren.

§ 4.

Während des Stapellaufes, der daran anschließenden Verholung des Neubaues zur Werft und beim Liegen und Weiterbau an der Werft ist der Neubau auf dem Wasser ebenso versichert wie auf dem Werftgelände (§ 1). Eine Beschädigung des Helgens beim Stapellauf ist durch die Versicherung mitgedeckt. Beim Mißlingen des Stapellaufes sind die durch den erneuten Stapellauf erforderten Aufwendungen vom Versicherer zu tragen.

Beim Ablauf des Schiffes vom Helgen und während der daran anschließenden Verholung des Neubaues zur Werft haften die Versicherer auch für einen Schaden, den die Werft dadurch erleidet, daß sie im Falle eines Zusammenstoßes des Neubaues mit Schiffen, festen oder schwimmenden Gegenständen den einem Dritten dadurch entstandenen Schaden zu ersetzen hat. Das gleiche gilt im Falle eines nautischen Verschuldens ohne Zusammenstoß beim Verholen des Neubaues, für welches die Werft einem Dritten verantwortlich ist, und für einen Schaden, entstanden durch Sog oder die Flutwelle, welche der vom Helgen ablaufende Neubau verursacht. Eigene Anlagen oder Fahrzeuge der Werft gelten als fremdes Eigentum. Ausgenommen sind Schadensersatzansprüche der auf dem Neubau und den zum Bugsieren des Neubaues benutzten Schleppern befindlichen Personen sowie Schadensersatzansprüche von Angestellten und Arbeitern der Werft.

§ 5.

Die Versicherer haften, falls die Probefahrt mitversichert wird, während der Probefahrt mit oder ohne Ladung gemäß ADS (vgl. §§ 6—8), jedoch gilt die Bestimmung des § 58 ADS über Seeuntüchtigkeit, soweit die Seeuntüchtigkeit auf das Schiff selbst oder sein Zubehör zurückzuführen ist, als aufgehoben; dagegen tragen die Versicherer nicht die Kosten, die zur Beseitigung der Seeuntüchtigkeit des Schiffes oder eines sonstigen Konstruktionsfehlers aufzuwenden sind, und nicht etwaige Schadensersatzansprüche der Ladung.

In Änderung des § 65 (Kajüts- und Maschinenschaden) werden Kajüts- und Maschinenschäden, wie Schäden am Schiffsrumpf, ersetzt.

§ 78 ADS (Mittelbarer Kollisionsschaden) wird auf Zusammenstoß mit festen oder schwimmenden Gegenständen ausgedehnt, dabei gelten eigene Anlagen oder Fahrzeuge der Werft als fremdes Eigentum. Desgleichen wird die Haftung für nautisches Verschulden ohne Zusammenstoß durch die Versicherung gedeckt. Für Tod oder Verletzung von Personen, die sich an Bord des die Probefahrt ausführenden Schiffes befinden, haften die Versicherer nicht. § 59 ADS (Abnutzung, Alter usw.) und § 76 ADS (Unterschied zwischen neu und alt) werden aufgehoben.

§ 6.

In Änderung des § 34 ADS (Schaden von weniger als 3 %) wird bestimmt, daß die Schäden, die durch ein Schadensereignis entstanden sind, und 1 pro Mille der für die Zeit des Schadensereignisses gültigen Versicherungssumme nicht erreichen, von den Versicherern nicht zu ersetzen sind, es sei denn, daß der Schaden mehr als DM 1000 beträgt. Für Schäden, die während der Probefahrt durch verschiedene Schadensereignisse verursacht werden, wird eine Trennung nach Schadensereignissen nicht vorgenommen.

§ 7.

Für Schäden an den versicherten Gegenständen und den Werftanlagen zusammengerechnet können die Versicherer nicht mit einem höheren Betrage als der für die Zeit des Schadensereignisses gültigen Versicherungssumme in Anspruch genommen werden: ausgenommen sind die gemäß § 1 Abs. 2 letzter Satz zu ersetzenden Kosten, für welche über 100 % der Versicherungssumme hinaus bis zu weiteren 25 % der Versicherungssumme gehaftet wird.

Während des Stapellaufes und der daran anschließenden Verholung zur Werft oder während der Probefahrt ist die Haftung der Versicherer für alle Schäden gemäß § 37 ADS (Grenzen der Haftung) durch die für die betreffende Versicherung in Betracht kommende Versicherungssumme begrenzt.

§ 8.

Für diese Versicherung sind die Allgemeinen Deutschen See-Versicherungs-Bedingungen maßgeblich, soweit nicht Gegenteiliges bestimmt ist.

Allgemein ausgenommen von der Versicherung sind Schäden, die sich als eine Folge der Bearbeitung der versicherten Gegenstände im vorgeschriebenen oder üblichen Arbeitsgang darstellen oder auf ein Verschulden der Werftleitung*) zurückzuführen sind. Ausgenommen sind ferner Schäden, verursacht durch Krieg, Verfügung von hoher Hand, angemaßte Gewalt und bewaffneten Aufstand.

Im Falle eines Streiks, einer Aussperrung oder sonstiger Arbeitsruhe sind Schäden an den versicherten Gegenständen, welche ohne ein besonderes schadenstiftendes Ereignis entstehen, z. B. Verderb infolge fehlender Bearbeitung während eines Streiks, durch diese Versicherung nicht gedeckt.

---

* Unter Werftleitung ist zu verstehen:
bei einer AG sämtliche Vorstandsmitglieder,
bei einer GmbH sämtliche Geschäftsführer,
bei einer oHG sämtliche Gesellschafter,
bei einer KG sämtliche unbeschränkt haftenden und allgemeingeschäftsführenden Gesellschafter,
bei einer Einzelfirma der Inhaber.

§ 9.

Wird die Arbeit an einem Neubau vorübergehend eingestellt und ruht dieselbe während dieser Zeit nicht nur am Neubau selbst, sondern auch am Zubehör und an den Konstruktionsteilen vollständig, so gelangt auf Antrag, während der Zeit der Bauruhe, eine Prämie von ½ pro Mille pro Monat für die Fortdauer der übernommenen Gefahren, zur Verrechnung, falls bei Beginn der Bauruhe Anzeige erstattet ist.

Die Bestimmung, daß im Schadensfalle der letzte gemeldete Betrag als Versicherungssumme gilt, bleibt in Kraft. Wird seitens des Versicherten eine Änderung gewünscht, ist Anzeige zu erstatten.

§ 10.

Enteignungsklausel

Der Versicherer haftet nicht für einen Schaden, der dadurch verursacht wird, daß das Bauobjekt in Ausführung von Waffenstillstands- oder Friedensverträgen zwischen Deutschland und fremden Mächten enteignet oder ausgeliefert wird.

§ 11.

Minenausschlußklausel

Die Versicherung deckt nicht die Gefahr der Beschädigung oder des Verlustes, verursacht durch Minen, Torpedos, Bomben und andere Kriegswerkzeuge jeglicher Art, gleichgültig ob diese Gegenstände anläßlich eines Krieges von den kriegführenden oder neutralen Mächten verwendet werden oder ob aus ihrem Vorhandenseins im Frieden der Schaden entsteht.

§ 12.

Kernenergie-Klausel

Die Versicherung deckt nicht die Gefahren der Kernenergie und Radioaktivität. Die Versicherer haften demnach nicht für Schäden, die unmittelbar oder mittelbar durch eine dieser Gefahren verursacht sind.

Endwert-Tarif

für Versicherungen, die anfangen, sobald das Risiko für die Werft beginnt
September 1964

I. Mindest-Prämien-Tarif

für die Versicherung von Bau- und Ausrüstungsrisiken
von auf Seeschiffswerften im Bundesgebiet gebauten Schiffen
und sonstigem schwimmendem Material jeder Größe

Gültig an allen deutschen Zeichnungsstellen für direktes und indirektes Geschäft.

Allgemeine Bedingungen

Zugrunde gelegt gelten der Versicherung *die ADS-Bedingungen, die Klauseln für Baurisiken* (Endwert) sowie folgende Bedingungen:

Bedingungen für Überwachungs- und Feuerlöschmaßnahmen

I. Unbeschadet der dem Versicherungsnehmer und/oder Versicherten sonst obliegenden Sorgfalt ist der Versicherungsnehmer und/oder der Versicherte verpflichtet, den Neubau und/oder Umbau und/oder das zur Reparatur übergebene Schiff und die übrigen versicherten Sachen sorgfältig zu beaufsichtigen. Es sind insbesondere nach Ermessen der Werft den jeweiligen Bauverhältnissen entsprechende Wachen zu stellen, und zwar auch an Bord der Neubauten und/oder Umbauten, wenn dieselben sich auf dem Wasser oder im Dock befinden und auch vorher auf den Helgen, sobald mit den Holzarbeiten für die Einrichtung begonnen ist. Diese Wachen sind durch eine oder mehrere vom Versicherungsnehmer und/oder Versicherten zu ernennende Vertrauenspersonen zu kontrollieren. Bei Neubauten und/oder Umbauten von Schiffen, die einen Tonnengehalt im fertigen Zustand von mehr als 10 000 Tonnen haben, sind außerdem Kontrolluhren anzubringen.

II. Der Versicherungsnehmer und/oder der Versicherte hat stets Sorge zu tragen, daß unter Berücksichtigung der besonderen Verhältnisse auf der in Betracht kommenden Werft Feuerlöschvorrichtungen und ausgebildete Bedienungsmannschaften vorhanden sind.

Bei Schweiß- und Brennarbeiten sind an der Rückseite der Schweiß- und Brennstellen je nach Sachlage ein oder mehrere Sicherheitsposten oder Sicherheitswachen aufzustellen, wenn dort brennbare Materialien (Holzverkleidungen oder Verschalungen, brennbare Isolierungen, elektrische Kabelbündel und dergl.) eingebaut sind. Feuerlöschgeräte resp. Sand müssen an solchen gefährdeten Stellen sofort einsatzbereit zur Hand sein. Nicht mehr benötigte Stellagen, Persennige, Abfälle, besonders ölhaltiger Twist, sind unverzüglich von Bord zu entfernen. Durch eine oder mehrere vom Versicherungsnehmer und/oder Versicherten zu ernennende Vertrauensperson(en) ist die Beachtung der Vorschriften zu kontrollieren.

III. Stellt sich im Schadensfalle heraus, daß der Versicherungsnehmer und/oder Versicherte seinen Verpflichtungen bezügl. Bestellung und Kontrolle der Wachen sowie Einrichtung und Überwachung der Feuerlöscheinrichtungen sowie der bei Schweiß- und Brennarbeiten vorgesehenen besonderen Sicherungsmaßnahmen nicht nachgekommen ist, so sind die Versicherer von der Verpflichtung zur Leistung frei, es sei denn, daß die Nichterfüllung der Verpflichtungen nicht auf einem Verschulden der Werftleitung* beruht.

Es darf keine Mantelpolice ohne Festsetzung eines Maximums abgeschlossen werden.

Als Taxe der Bauversicherung gilt die zwischen dem Bauherrn und der Werft vereinbarte Bausumme des ursprünglichen Bauvertrages und alle weiteren den Bau betreffenden Zusatzvereinbarungen. Die Versicherungssumme erhöht sich ohne weiteres auf den Betrag der Taxe, soweit das Maximum der Police nicht überschritten wird.

Soweit das Policenmaximum durch Erhöhung der Versicherungstaxe nach Maßgabe vorstehender Bestimmungen überschritten wird, ist Ersatz von Schäden und Aufwendungen, soweit sie über das Maximum der Police hinausgehen, ausgeschlossen, jedoch sind Schäden und Aufwendungen bis zur Höhe der Maximalversicherungssumme ohne Berücksichtigung des Unterschiedes zwischen Taxe und Maximalversicherungssumme voll zu bezahlen.

Zusatzvereinbarungen zum ursprünglichen Bauvertrag sind innerhalb 2 Wochen nach Abschluß der betreffenden Vereinbarung vom Versicherten den Versicherern anzuzeigen, wenn damit eine Änderung der Bausumme verbunden ist. Wird diese Anzeigefrist nicht innegehalten und tritt ein Schadensfall ein, bevor die Erhöhung der Bausumme angezeigt ist, so haften die Versicherer nicht über die ihnen bis dahin bekannte Bausumme hinaus, jedoch sind Schäden und Aufwendungen bis zur Höhe der bekannten Bausumme ohne Berücksichtigung des Unterschiedes zwischen Taxe und bekannter Bausumme voll zu bezahlen.

Den Versicherern ist in allen Fällen die Prämie auf den vollen Betrag der Taxe zu vergüten, und zwar ist die rückwirkend zu bezahlende Mehrprämie auf nachträgliche Werterhöhung bei der Schlußabrechnung des betreffenden Neubaues zu belasten.

Prämien

Die Prämie, zahlbar auf die Bausumme, siehe oben, beträgt:

Bei einer Bauzeit bis zu 6 Monaten 2,2 pro Mille

mit 0,2 ‰ Zulage für jeden angefangenen Monat längerer Bauzeit, ÷ 0,2 ‰ für jeden vollen Monat kürzerer Bauzeit.

Auf diese Prämien werden folgende Aufschläge erhoben:

---

* Unter Werftleitung ist zu verstehen:
bei einer AG sämtliche Vorstandsmitglieder,
bei einer GmbH sämtliche Geschäftsführer,
bei einer oHG sämtliche Gesellschafter,
bei einer KG sämtliche unbeschränkt haftenden und allgemeingeschäftsführenden Gesellschafter,
bei einer Einzelfirma der Inhaber.

a) 25 % für Schiffe mit Kühleinrichtung.
Falls die Isolierung nur aus Alfol und/oder Iporka und/oder anderem von dem VHA oder VBS zu approbierendem unbrennbarem Material besteht, entfällt der Zuschlag für Kühleinrichtungen.

Im übrigen gilt der Zuschlag für alle Fahrzeuge einschließlich Fischereifahrzeuge.

b) 25 % für Schiffe mit Passagiereinrichtung für mehr als 40 Passagiere (also 50 % für Schiffe mit Kühl- und Passagiereinrichtung [wie oben]).

Für Bauobjekte mit einer Bausumme von über 40 Millionen Deutsche Mark bis 50 Millionen Deutsche Mark einschließlich ist auf die Tarif-Prämien und Zulagen ein Aufschlag von 25 % zu zahlen.

Für Fahrzeuge, deren Bausumme 50 Millionen Deutsche Mark übersteigt, ist die Prämie von den örtlichen Kommissionen von Fall zu Fall festzusetzen.

Falls die Maschinenanlage ganz oder zum Teil nicht auf der Bauwerft erbaut wird, darf auf die nach den vorstehenden Bestimmungen sich ergebende Endprämie dann ein Nachlaß von 10 % gewährt werden, wenn der Wert der außerhalb der Werft gebauten Maschinen mindestens 20 % des Gesamtbauwertes beträgt *und* die Maschinen erst in der zweiten Hälfte der Versicherungsdauer auf der Werft eintreffen.

Die Voraussetzung, daß die Maschinen erst in der zweiten Hälfte der Versicherungsdauer eintreffen, muß, falls die ursprünglich festgesetzte Versicherungsdauer verlängert wird, nicht nur auf die ursprüngliche, sondern auch auf die ganze Versicherungsdauer zutreffen. Der Nachlaß kann auch auf Prämienzulagen für Verlängerung gewährt werden.

Der Prämiennachlaß ist bei Beginn der Versicherung unter Aufgabe des für die auswärts gebauten Maschinen in Frage kommenden Wertes zu beantragen. Die Versicherung für die auswärts gebauten Maschinen tritt auch dann erst mit Beginn der zweiten Hälfte der Versicherungsdauer in Kraft, falls trotz gewährten Prämiennachlasses die Maschinen schon früher auf dem Werftgelände eintreffen, es sei denn, daß vor dem früheren Eintreffen Anzeige erstattet und für die ganze Versicherung die volle tarifmäßige Prämie bezahlt wird.

Obige Prämien schließen Probefahrten innerhalb eines Radius von 150 Seemeilen vom Erbauungsort ein; findet die Ablieferung an einem anderen als dem Erbauungsort statt, ist Deckung nur gegeben, falls dieses ausdrücklich in der Police vereinbart ist; in diesem Fall ist für die Überführungsfahrt eine Prämienzulage zu erheben.

Rückgaben für Ausschluß des Risikos des Stapellaufs und/oder der Probefahrten sind unzulässig, jedoch kann auf die Grundprämie ein Nachlaß von ¼ ‰ gewährt werden, falls der Neubau im Trockendock erstellt wird.

Die Prämienzahlung geschieht wie folgt:

Die Gesamtprämie wird vorläufig auf Grund der geschätzten Bauzeit und Bausumme verrechnet; der Betrag ist in vierteljährlichen Raten zu zahlen. Die erste Zahlung erfolgt am Schlusse des ersten Kalendervierteljahres nach Risikobeginn.

Die Schlußabrechnung erfolgt nach Beendigung des Risikos.

Für Vorauszahlung der Gesamtprämie bei Risiken von nicht unter 12 Monaten Dauer ist ein Rabatt von 5 % zulässig.

Die Prämien des Tarifes (einschließlich Zulagen und Ermäßigungen) und die Bedingungen einschließlich der Klauseln für Baurisiken können von den Versicherern jederzeit, auch wenn Mantel-Policen abgeschlossen sind, gekündigt werden. Von einer evtl. Kündigung sind jedoch ausgeschlossen Bauten, deren Risiko bei Zustellung der Kündigung bereits begonnen hat, oder Bauten, für die bei Zustellung der Kündigung seitens der Werft bereits Offerten abgegeben sind.

II. Prämien-Tarif für Baurisiko-Versicherungen

für Marine-Neubauten und vorbehaltene Lieferungen

1. Neubau-Police

a) Für Marinefahrzeuge wird die Prämie nach dem Endwert-Tarif berechnet. Mit dieser Prämie sind Probefahrten abgegolten, die in den Deklarationsmonat fallen, in dem die erste Probefahrt beginnt. Der Beginn der ersten Probefahrt ist anzuzeigen.

b) Nach Beendigung des policemäßig berechneten Monats, in dem die erste Probefahrt begonnen hat, beträgt für alle folgenden policemäßigen Monate die Prämie 0,45 ‰ pro Monat. Mit dieser Prämie sind die Verlängerung des Vertrages und die Probefahrten in den betreffenden Monaten abgegolten.

2. Vorbehaltene Lieferungen

a) Die Prämien betragen für die ersten drei Monate je ¾ ‰ und für jeden weiteren Monat je ¼ ‰. Probefahrten sind in diesen Prämien nicht enthalten.

b) Die Prämie für die Probefahrten beträgt ½ ‰ für den ersten Monat nach Beginn der ersten Probefahrt und je ¼ ‰ für jeden weiteren policemäßigen Monat, ohne Rücksicht darauf, ob Probefahrten stattfinden oder nicht.

Die vorstehenden Prämien für die vorbehaltenen Lieferungen gelten für die Deckung der Verschuldenshaftung der Werft dem Bund gegenüber sowie für Bergungskosten und Ersatz an Dritte. Bei Erweiterung der Deckung über Verschuldenshaftung hinaus ist die Zulageprämie von Fall zu Fall mit der Kasko-Kommission zu vereinbaren.

Die Prämienberechnung bezüglich der vorbehaltenen Lieferungen erfolgt auf den Endwert aller vorbehaltenen Lieferungen und beginnt mit dem Einbau der ersten Teile, die zu den vorbehaltenen Lieferungen gehören. Für die Zeit der Lagerung auf dem Werftgelände zwischen Ankunft und Beginn des Einbaues kann die Werft ihre Haftpflicht als Verwahrer zu einer Prämie von ½ ‰ pro Monat, jeweils berechnet auf den Wert der tatsächlich vorhandenen Teile, versichern.

3. Bei Neubauten von Unterseebooten

erstreckt sich der Versicherungsschutz nicht auf:

Druckproben im Druckdock oder in der Druckkammer sowie Erprobungen am Kran u./o. unter Wasser, es sei denn, daß ein Einschluß derartiger Risiken vor Risikobeginn gegen eine angemessene Prämienzulage mit der Kasko-Kommission vereinbart worden ist.

Mitversichert sind jedoch im Rahmen der Police Erprobungen auf Dichtigkeit im Trocken- oder Schwimmdock.

4. Allgemeines

a) Wird die Prämie für eine Risikodauer von mindestens 12 Monaten vorausbezahlt, so ist ein Rabatt von 5 % zulässig. Wird der vorausbezahlte Zeitraum überschritten, so ist ein Vorauszahlungsrabatt für diese Zeit nur zulässig, wenn wieder für 12 Monate vorausbezahlt wird.

b) Ein Maschinenrabatt ist nur auf die Prämien für das reine Baurisiko nach oben Ziffer 1 a zulässig.

c) Dieser Tarif gilt für Neubauten mit einer Endwertsumme (einschließlich vorbehaltener Lieferungen) bis zu 75 Millionen Deutsche Mark.

d) Im übrigen gelten die Bestimmungen des Endwert-Tarifes. Es wird besonders darauf hingewiesen, daß die obengenannten Prämien Probefahrten nur innerhalb eines Radius von 150 sm um den Erbauungsort einschließen.

Staffel-Tarif

für Versicherungen, die anfangen, sobald das Risiko für die Werft beginnt

Mindest-Prämien-Tarif

für Versicherung von Bau- und Ausrüstungsrisiken
von auf Seeschiffswerften im Bundesgebiet gebauten Schiffen
und sonstigem schwimmendem Material jeder Größe

Gültig an allen deutschen Zeichnungsstellen für direktes und indirektes Geschäft.

Allgemeine Bedingungen

Zugrunde gelegt gelten der Versicherung *die ADS-Bedingungen, die Klauseln für Baurisiken* (Staffelsystem) sowie folgende Bedingungen:

Bedingungen für Überwachungs- und Feuerlöschmaßnahmen

I. Unbeschadet der dem Versicherungsnehmer und/oder Versicherten sonst obliegenden Sorgfalt ist der Versicherungsnehmer und/oder der Versicherte verpflichtet, den Neubau und/oder Umbau und/oder das zur Reparatur übergebene Schiff und die übrigen versicherten Sachen sorgfältig zu beaufsichtigen. Es sind insbesondere nach Ermessen der Werft den jeweiligen Bauverhältnissen entsprechende Wachen zu stellen, und zwar auch an Bord der Neubauten und/oder Umbauten, wenn dieselben sich auf dem Wasser oder im Dock befinden und auch vorher auf den Helgen, sobald mit den Holzarbeiten für die Einrichtung begonnen ist. Diese Wachen sind durch eine oder mehrere vom Versicherungsnehmer und/oder Versicherten zu ernennende Vertrauenspersonen zu kontrollieren. Bei Neubauten und/oder Umbauten von Schiffen, die einen Tonnengehalt im fertigen Zustand von mehr als 10 000 Tonnen haben, sind außerdem Kontrolluhren anzubringen.

II. Der Versicherungsnehmer und/oder der Versicherte hat stets Sorge zu tragen, daß unter Berücksichtigung der besonderen Verhältnisse auf der in Betracht kommenden Werft Feuerlöschvorrichtungen und ausgebildete Bedienungsmannschaften vorhanden sind.

Bei Schweiß- und Brennarbeiten sind an der Rückseite der Schweiß- und Brennstellen je nach Sachlage ein oder mehrere Sicherheitsposten oder Sicherheitswachen aufzustellen, wenn dort brennbare Materialien (Holzverkleidungen oder Verschalungen, brennbare Isolierungen, elektrische Kabelbündel und dergl.) eingebaut sind. Feuerlöschgeräte resp. Sand müssen an solchen gefährdeten Stellen sofort einsatzbereit zur Hand sein. Nicht mehr benötigte Stellagen, Persennige, Abfälle, besonders ölhaltiger Twist, sind unverzüglich von Bord zu entfernen. Durch eine oder mehrere vom Versicherungsnehmer und/oder Versicherten zu ernennende Vertrauensperson(en) ist die Beachtung der Vorschriften zu kontrollieren.

III. Stellt sich im Schadensfalle heraus, daß der Versicherungsnehmer und/oder Versicherte seinen Verpflichtungen bezügl. Bestellung und Kontrolle der Wachen sowie Einrichtung und Überwachung der Feuerlöscheinrichtungen sowie der bei Schweiß- und Brennarbeiten vorgesehenen besonderen Sicherungsmaßnahmen nicht nachgekommen ist, so sind die Versicherer von der Verpflichtung zur Leistung frei, es sei denn, daß die Nichterfüllung der Verpflichtungen nicht auf einem Verschulden der Werftleitung* beruht.

Es darf keine Mantelpolice ohne Festsetzung eines Maximums abgeschlossen werden.

Als Versicherungswert gilt der *volle* im Risiko befindliche Betrag des Neubaues und des für den Neubau gebuchten Zubehörs und der gebuchten Konstruktionsteile (Wiederherstellungswert).

Als Versicherungssumme gilt derjenige Betrag, den der Versicherte periodisch, nach Wahl wie oft, dem Versicherer als Versicherungssumme anzeigt.

Prämien

Die Prämie wird monatlich belastet auf den Höchstdeklarationsbetrag des Monats; sie beträgt:

1 ‰ pro angefangenen Monat, zuzüglich

½ ‰ auf den letzten, vor Beginn des Stapellaufs angezeigten Betrag sowie zuzüglich

½ ‰ auf den vor der Probefahrt angezeigten Betrag.

Folgende Aufschläge werden auf nebenstehende Prämien erhoben:

a) 25 % für Schiffe mit Kühleinrichtung; falls die Isolierung nur aus Alfol und/oder Iporka und/oder anderem von dem VHA oder VBS zu approbierendem unbrennbarem Material besteht, kann auf Antrag von Erhebung des Zuschlages Abstand genommen werden; im übrigen gilt der Zuschlag für alle Fahrzeuge, einschließlich Fischereifahrzeuge.

b) 25 % für Schiffe mit Passagiereinrichtung für mehr als 40 Passagiere.
(Als 50 % für Schiffe mit Kühl- und Passagiereinrichtungen [wie oben].)

Für Bauobjekte mit einer Bausumme von über 40 Millionen Deutsche Mark bis 50 Millionen Deutsche Mark einschließlich ist auf die Tarif-Prämien und Zulagen ein Aufschlag von 25 % zu zahlen.

Für Fahrzeuge, deren Bausumme 50 Millionen Deutsche Mark übersteigt, ist die Prämie von den örtlichen Kommissionen von Fall zu Fall festzusetzen.

Die Prämie von ½ ‰ schließt Probefahrten innerhalb eines Radius von 150 Seemeilen vom Erbauungsort ein; findet die Ablieferung an einem anderen

---

* Unter Werftleitung ist zu verstehen:
bei einer AG sämtliche Vorstandsmitglieder,
bei einer GmbH sämtliche Geschäftsführer,
bei einer oHG
bei einer KG sämtliche unbeschränkt haftenden und allgemeingeschäftsführenden Gesellschafter,
bei einer Einzelfirma der Inhaber.

als dem Erbauungsorte statt, ist Deckung nur gegeben, falls dieses ausdrücklich in der Police vereinbart ist; in diesem Fall ist für die Überführungsfahrt eine Prämienzulage zu erheben.

Für Vorauszahlung der Gesamtprämie bei Risiken von nicht unter 12 Monaten Dauer ist ein Rabatt von 5 % zulässig.

Die Prämien des Tarifes (einschließlich Zulagen) und die Bedingungen einschließlich der Klauseln für Baurisiken können von den Versicherern jederzeit, auch wenn Mantel-Policen abgeschlossen sind, gekündigt werden. Von einer evtl. Kündigung sind jedoch ausgeschlossen Bauten, deren Risiko bei Zustellung der Kündigung bereits begonnen hat, oder Bauten, für die bei Zustellung der Kündigung seitens der Werft bereits Offerten abgegeben sind.

Prämienzuschläge für Kriegsfahrzeuge bleiben vorbehalten.

Bau-Risiken-Tarif

für mit Stapellauf beginnende Versicherungen

Mindest-Prämien-Tarif

für Versicherung von Bau- und Ausrüstungsrisiken
von auf Seeschiffswerften im Bundesgebiet gebauten Schiffen
und sonstigem schwimmenden Material jeder Größe

Gültig an allen deutschen Zeichnungsstellen für direktes und indirektes Geschäft.

Allgemeine Bedingungen

Zugrunde gelegt gelten der Versicherung die *ADS-Bedingungen, die Klauseln für Baurisiken* (Endwert) sowie folgende Bedingungen:

Bedingungen für Überwachungs- und Feuerlöschmaßnahmen

I. Unbeschadet der dem Versicherungsnehmer und/oder Versicherten sonst obliegenden Sorgfalt ist der Versicherungsnehmer und/oder der Versicherte verpflichtet, den Neubau und/oder Umbau und/oder das zur Reparatur übergebene Schiff und die übrigen versicherten Sachen sorgfältig zu beaufsichtigen. Es sind insbesondere nach Ermessen der Werft den jeweiligen Bauverhältnissen entsprechende Wachen zu stellen, und zwar auch an Bord der Neubauten und/oder Umbauten, wenn dieselben sich auf dem Wasser oder im Dock befinden und auch vorher auf den Helgen, sobald mit den Holzarbeiten für die Einrichtung begonnen ist. Diese Wachen sind durch eine oder mehrere vom Versicherungsnehmer und/oder Versicherten zu ernennende Vertrauenspersonen zu kontrollieren. Bei Neubauten und/oder Umbauten von Schiffen, die einen Tonnengehalt im fertigen Zustand von mehr als 10 000 Tonnen haben, sind außerdem Kontrolluhren anzubringen.

II. Der Versicherungsnehmer und/oder der Versicherte hat stets Sorge zu tragen, daß unter Berücksichtigung der besonderen Verhältnisse auf der in Betracht kommenden Werft Feuerlöschvorrichtungen und ausgebildete Bedienungsmannschaften vorhanden sind.

Bei Schweiß- und Brennarbeiten sind an der Rückseite der Schweiß- und Brennstellen je nach Sachlage ein oder mehrere Sicherheitsposten oder Sicherheitswachen aufzustellen, wenn dort brennbare Materialien (Holzverkleidungen oder Verschalungen, brennbare Isolierungen, elektrische Kabelbündel und dergl.) eingebaut sind. Feuerlöschgeräte resp. Sand müssen an solchen gefährdeten Stellen sofort einsatzbereit zur Hand sein. Nicht mehr benötigte Stellagen, Persennige, Abfälle, besonders ölhaltiger Twist, sind unverzüglich von Bord zu entfernen. Durch eine oder mehrere vom Versicherungsnehmer und/oder Versicherten zu ernennende Vertrauensperson(en) ist die Beachtung der Vorschriften zu kontrollieren.

III. Stellt sich im Schadensfalle heraus, daß der Versicherungsnehmer und/oder Versicherte seinen Verpflichtungen bezügl. Bestellung und Kontrolle der Wachen sowie Einrichtung und Überwachung der Feuerlöscheinrichtungen sowie der bei Schweiß- und Brennarbeiten vorgesehenen besonderen Sicherungsmaßnahmen nicht nachgekommen ist, so sind die Versicherer von der Verpflichtung zur Leistung frei, es sei denn, daß die Nichterfüllung der Verpflichtungen nicht auf einem Verschulden der Werftleitung* beruht.

Es darf keine Mantelpolice ohne Festsetzung eines Maximums abgeschlossen werden.

Als Taxe der Bauversicherung gilt die zwischen dem Bauherrn und der Werft vereinbarte Bausumme des ursprünglichen Bauvertrages und alle weiteren den Bau betreffenden Zusatzvereinbarungen. Die Versicherungssumme erhöht sich ohne weiteres auf den Betrag der Taxe, soweit das Maximum der Police nicht überschritten wird.

Soweit das Policenmaximum durch Erhöhung der Versicherungstaxe nach Maßgabe vorstehender Bestimmungen überschritten wird, ist Ersatz von Schäden und Aufwendungen, soweit sie über das Maximum der Police hinausgehen, ausgeschlossen, jedoch sind Schäden und Aufwendungen bis zur Höhe der Maximalversicherungssumme ohne Berücksichtigung des Unterschiedes zwischen Taxe und Maximalversicherungssumme voll zu bezahlen.

Zusatzvereinbarungen zum ursprünglichen Bauvertrag sind innerhalb 2 Wochen nach Abschluß der betreffenden Vereinbarung vom Versicherten den Versicherern anzuzeigen, wenn damit eine Änderung der Bausumme verbunden ist. Wird diese Anzeigefrist nicht innegehalten und tritt ein Schadensfall ein, bevor die Erhöhung der Bausumme angezeigt ist, so haften die Versicherer nicht über die ihnen bis dahin bekannte Bausumme hinaus, jedoch sind Schäden und Aufwendungen bis zur Höhe der bekannten Bausumme ohne Berücksichtigung des Unterschiedes zwischen Taxe und bekannter Bausumme voll zu bezahlen.

Den Versicherern ist in allen Fällen die Prämie auf den vollen Betrag der Taxe zu vergüten, und zwar ist die rückwirkend zu bezahlende Mehrprämie auf nachträgliche Werterhöhung bei der Schlußabrechnung des betreffenden Neubaues zu belasten.

---

* Unter Werftleitung ist zu verstehen:
bei einer AG sämtliche Vorstandsmitglieder,
bei einer GmbH sämtliche Geschäftsführer,
bei einer oHG
bei einer KG sämtliche unbeschränkt haftenden und allgemeingeschäftsführenden Gesellschafter,
bei einer Einzelfirma der Inhaber.

Prämien

Die Prämie, zahlbar auf die Bausumme, siehe oben, beträgt:

Stapellauf einschl. 2 Monate auf dem Wasser 2¼ ‰ + 0,4 ‰ für jeden angefangenen Monat längerer Dauer	Folgende Aufschläge werden auf nebenstehende Prämien erhoben: a) 25 % für Schiffe mit Kühleinrichtung; falls die Isolierung nur aus Alfol und/oder Iporka und/oder anderem von dem VHA oder VBS zu approbierendem unbrennbarem Material besteht, kann auf Antrag von Erhebung des Zuschlages Abstand genommen werden; im übrigen gilt der Zuschlag für alle Fahrzeuge, einschließlich Fischereifahrzeuge. b) 25 % für Schiffe mit Passagiereinrichtung für mehr als 40 Passagiere. Also 50 % für Schiffe mit Kühl- und Passagiereinrichtungen (wie oben).

Für Bauobjekte mit einer Bausumme von über 40 Millionen Deutsche Mark bis 50 Millionen Deutsche Mark einschließlich ist auf die Tarif-Prämien und Zulagen ein Aufschlag von 25 % zu zahlen.

Für Fahrzeuge, deren Bausumme 50 Millionen Deutsche Mark übersteigt, ist die Prämie von den örtlichen Kommissionen von Fall zu Fall festzusetzen.

Obige Prämien schließen Probefahrten innerhalb eines Radius von 150 Seemeilen vom Erbauungsort ein; findet die Ablieferung an einem anderen als dem Erbauungsorte statt, ist Deckung nur gegeben, falls dieses ausdrücklich in der Police vereinbart ist; in diesem Fall ist für die Überführungsfahrt eine Prämienzulage zu erheben.

Rückgaben für Ausschluß des Risikos des Stapellaufs und/oder der Probefahrten sind unzulässig.

Die Prämien des Tarifes (einschließlich Zulagen und Ermäßigungen) und die Bedingungen einschließlich der Klauseln für Baurisiken können von den Versicherern jederzeit, auch wenn Mantel-Policen abgeschlossen sind, gekündigt werden. Von einer evtl. Kündigung sind jedoch ausgeschlossen Bauten, deren Risiko bei Zustellung der Kündigung bereits begonnen hat, oder Bauten, für die bei Zustellung der Kündigung seitens der Werft bereits Offerten abgegeben sind.

Prämienzuschläge für Kriegsfahrzeuge bleiben vorbehalten.

Prämien-Tarif für Baurisiko-Versicherungen

für Marine-Neubauten und vorbehaltene Lieferungen

1. Neubau-Police

a) Für Marinefahrzeuge wird die Prämie nach dem Endwert-Tarif berechnet. Mit dieser Prämie sind Probefahrten abgegolten, die in den Deklarationsmonat fallen, in dem die erste Probefahrt beginnt.

Der Beginn der ersten Probefahrt ist anzuzeigen.

b) Nach Beendigung des policemäßig berechneten Monats, in dem die erste Probefahrt begonnen hat, beträgt für alle folgenden policemäßigen Monate die Prämie 0,45‰ pro Monat. Mit dieser Prämie sind die Verlängerung des Vertrages und die Probefahrten in den betreffenden Monaten abgegolten.

2. Vorbehaltene Lieferungen

a) Die Prämien betragen für die ersten drei Monate je $^3/_4$‰ und für jeden weiteren Monat je $^1/_4$‰. Probefahrten sind in diesen Prämien nicht enthalten.

b) Die Prämie für die Probefahrten beträgt $^1/_2$‰ für den ersten Monat nach Beginn der ersten Probefahrt und je 0,25 ‰ für jeden weiteren policemäßigen Monat, ohne Rücksicht darauf, ob Probefahrten stattfinden oder nicht.

Die vorstehenden Prämien für die vorbehaltenen Lieferungen gelten für die Deckung der Verschuldenshaftung der Werft dem Bund gegenüber sowie für Bergungskosten und Ersatz an Dritte. Bei Erweiterung der Deckung über Verschuldenshaftung hinaus ist die Zulageprämie von Fall zu Fall mit der Kasko-Kommission zu vereinbaren.

Die Prämienberechnung bezüglich der vorbehaltenen Lieferungen erfolgt auf den Endwert aller vorbehaltenen Lieferungen und beginnt mit dem Einbau der ersten Teile, die zu den vorbehaltenen Lieferungen gehören. Für die Zeit der Lagerung auf dem Werftgelände zwischen Ankunft und Beginn des Einbaues kann die Werft ihre Haftpflicht als Verwahrer zu einer Prämie von $^1/_2$‰ pro Monat, jeweils berechnet auf den Wert der tatsächlich vorhandenen Teile, versichern.

3. Bei Neubauten von Unterseebooten

erstreckt sich der Versicherungsschutz nicht auf:

Druckproben im Druckdock oder in der Druckkammer sowie Erprobungen am Kran u./o. unter Wasser, es sei denn, daß ein Einschluß derartiger Risiken vor Risikobeginn gegen eine angemessene Prämienzulage mit der Kasko-Kommission vereinbart worden ist.

Mitversichert sind jedoch im Rahmen der Police Erprobungen auf Dichtigkeit im Trocken- oder Schwimmdock.

4. Allgemeines

a) Wird die Prämie für eine Risikodauer von mindestens 12 Monaten vorausbezahlt, so ist ein Rabatt von 5 % zulässig. Wird der vorausbezahlte Zeitraum überschritten, so ist ein Vorauszahlungsrabatt für diese Zeit nur zulässig, wenn wieder für 12 Monate vorausbezahlt wird.

b) Ein Maschinenrabatt ist nur auf die Prämien für das reine Baurisiko nach oben Ziffer 1 a) zulässig.

c) Dieser Tarif gilt für Neubauten mit einer Endwertsumme (einschließlich vorbehaltener Lieferungen) bis zu 75 Millionen Deutsche Mark.

d) Im übrigen gelten die Bestimmungen des Endwert-Tarifes. Es wird besonders darauf hingewiesen, daß die obengenannten Prämien Probefahrten nur innerhalb eines Radius von 150 sm um den Erbauungsort einschließen.

Prämien für Umbau- und Instandsetzungsrisiken

Es gelten die ADS-Bedingungen, die Klauseln für Baurisiken (Endwert) und die Bedingungen des Endwert-Tarifes.

Als Taxe der Bau-Versicherung gilt der Zeitwert des Schiffes zuzüglich der mit der Werft oder den Lieferanten (z. B. Maschinenanlage) vereinbarten Baukosten. Der Zeitwert ist durch Sachverständige festzustellen.

Die Prämie, zahlbar auf die berechnete Taxe, beträgt, einerlei, ob auf dem Helgen, im Dock oder auf dem Wasser:

für 1 Monat	1 1/2 ‰
für 2 Monate	2 1/2 ‰
für 3 Monate	3 ‰
für 4 Monate	3 1/2 ‰
für 5 Monate	4 ‰
für 6 Monate	4 1/2 ‰

+ 1/2 ‰ für jeden weiteren Monat längerer Dauer.

Jeder angefangene Monat wird voll gerechnet.

a) Bei einer Dauer bis zu 2 Monaten ÷ 1/2 ‰ Rückgabe, falls eine Probefahrt nicht ausgeführt wird. Bei längerer Dauer wird keine Rückgabe gewährt.

b) + 25 % Zulage auf die vorstehend berechnete Prämie für Schiffe mit Kühleinrichtung. Falls die Isolierung nur aus Alfol und/oder Iporka und/oder anderen von dem VHA oder VBS zu approbierendem unbrennbarem Material besteht, entfällt der Zuschlag für Kühleinrichtungen.

c) + 25 % Zulage auf die vorstehend berechnete Prämie für Schiffe mit Passagiereinrichtung für mehr als 40 Passagiere und für Walfangmutterschiffe (also 50 % Zuschlag für Schiffe mit Einrichtungen wie unter b) und c) genannt).

d) + 25 % auf Prämie und Zuschläge für Objekte mit einer Taxe
über DM 30 000 000,—
bis DM 40 000 000,—

e) Für Objekte mit einer Taxe von über DM 40 000 000,— wird die Zulage von den örtlichen Kommissionen von Fall zu Fall festgesetzt.

Für Umbauten, bei denen Deckung gegeben wird für das alte Schiff, ganz oder auseinandergeschnitten, und zusätzlich für den von der Werft zu erstellenden Neubauteil einschließlich den Einbau bzw. Umbau.

Gültig für Gesamtwerte bis zu DM 40 000 000,—.

1. Versicherung des alten Schiffes an der Werft, aber einschließlich Probefahrt nach Umbau.

R-Beginn: Ab Eintreffen an der Werft.

R-Ende:

a) Für den zum Umbau verwendeten Teil mit Ablieferung des Gesamtobjektes an den Reeder.

b) Für den verbleibenden, zum Umbau nicht verwendeten Rest des Schiffes (aber nach dem Abschneiden nur versichert nach § 113 unter Streichung § 77 Abs. 2) zum gleichen Zeitpunkt wie a).

Prämie auf den von Sachverständigen zu schätzenden Wert:

Falls mindestens 450 % N. T. oder darüber: laut Umbautarif. (Falls geringere Werte, gleicher Prämienbetrag wie bei 450 %).

2. Versicherung des von der Werft zu erbauenden neuen Schiffsteiles. Beginn und Ende sowie Prämien lt. Endwert-Tarif.

3. Bedingungen: ADS, Klauseln für Baurisiken (Endwert) und Bedingungen des Endwert-Tarifes (siehe jedoch Ausnahme unter 1 b).

4. Prämien-Zuschläge für Schiffe mit Kühl- und/oder Passagiereinrichtung vorbehalten.

5. Kosten des Abschneidens und Zusammenfügens müssen in der Entwert-Summe zu 2. enthalten sein.

Bedingungen für Überwachungs- und Feuerlöschmaßnahmen

I. Unbeachtet der dem Versicherungsnehmer und/oder Versicherten sonst obliegenden Sorgfalt ist der Versicherungsnehmer und/oder der Versicherte verpflichtet, den Neubau und/oder Umbau und/oder das zur Reparatur übergebene Schiff und die übrigen versicherten Sachen sorgfältig zu beaufsichtigen. Es sind insbesondere nach Ermessen der Werft den jeweiligen Bauverhältnissen entsprechende Wachen zu stellen, und zwar auch an Bord der Neubauten und/oder Umbauten, wenn dieselben sich auf dem Wasser oder im Dock befinden und auch vorher auf den Helgen, sobald mit den Holzarbeiten für die Einrichtung begonnen ist. Diese Wachen sind durch eine oder mehrere vom Versicherungsnehmer und/oder Versicherten zu ernennende Vertrauenspersonen zu kontrollieren. Bei Neubauten und/oder Umbauten von Schiffen, die einen Tonnengehalt im fertigen Zustand von mehr als 10 000 Tonnen haben, sind außerdem Kontrolluhren anzubringen.

II. Der Versicherungsnehmer und/oder der Versicherte hat stets Sorge zu tragen, daß unter Berücksichtigung der besonderen Verhältnisse auf der in Betracht kommenden Werft Feuerlöschvorrichtungen und ausgebildete Bedienungsmannschaften vorhanden sind.

Bei Schweiß- und Brennarbeiten sind an der Rückseite der Schweiß- und Brennstellen je nach Sachlage ein oder mehrere Sicherheitsposten oder Sicherheitswachen aufzustellen, wenn dort brennbare Materialien (Holzverkleidungen oder Verschalungen, brennbare Isolierungen, elektrische Kabelbündel und dgl.) eingebaut sind. Feuerlöschgeräte resp. Sand müssen an solchen gefährdeten Stellen sofort einsatzbereit zur Hand sein. Nicht mehr benötigte Stellagen, Persennige, Abfälle, besonders ölhaltiger Twist, sind unverzüglich von Bord zu entfernen. Durch eine oder mehrere vom Versicherungsnehmer und/oder Versicherten zu ernennende Vertrauensperson ist die Beachtung der Vorschriften zu kontrollieren.

III. Stellt sich im Schadensfalle heraus, daß der Versicherungsnehmer und/oder Versicherte seinen Verpflichtungen bezüglich Bestellung und Kontrolle der Wachen sowie Einrichtung und Überwachung der Feuerlöscheinrichtungen sowie der bei Schweiß- und Brennarbeiten vorgesehenen besonderen Sicherungsmaßnahmen nicht nachgekommen ist, so sind die Versicherer von der Verpflichtung zur Leistung frei, es sei denn, daß die Nichterfüllung der Verpflichtungen nicht auf einem Verschulden der Werftleitung* beruht.

---

* Unter Werftleitung ist zu verstehen:
bei einer AG sämtliche Vorstandsmitglieder,
bei einer GmbH sämtliche Geschäftsführer,
bei einer oHG sämtliche Gesellschafter,
bei einer KG sämtliche unbeschränkt haftenden und allgemeingeschäftsführenden Gesellschafter,
bei einer Einzelfirma der Inhaber.

INSTITUTE CLAUSES FOR BUILDERS' RISKS

VESSEL .... Contract or Yard No. ....
to be built at ....
by ....
SUBJECT OF INSURANCE (delete any wording not applicable).

(a) PRE-KEEL RISK from .... until date of laying of Keel

(b) HULL ETC. (excluding MACHINERY).

Unless otherwise agreed, the date of attachment to be the date of laying of Keel and the period of cover the full contract period.

Description	Contract or Yard No.	Provisionally valued at	For a period of	From	To be built at/by

(c) MACHINERY.

Description	Contract or Yard No.	Provisionally valued at	For a period of	From	To be built at/by

(d) SUBJECT MATTER, not included in (b) and (c) above.

Description	Contract or Yard No.	Provisionally valued at	For a period of	From	To be built at/by

Held covered at the premium to be arranged in the event of completion of the contract being delayed beyond the above-mentioned period(s) but in no case shall any additional period of cover extend beyond 30 days from completion of Builders' trials.

THE BASIS OF VALUATION in respect of (b), (c), and (d) above is to be in accordance with the INSTITUTE FULL VALUE CLAUSE FOR BUILDER'S RISKS (25. 1. 54) A or B as required.

Held covered at a premium to be arranged in the event of completion ol the contract being delayed beyond the above-mentioned period(s) but in no case shall any additional period of cover extend beyond 30 days from completion of Builders' trials.

THE BASIS OF VALUATION in respect of (b), and (d) above is to be in accordance with the INSTITUTE FULL VALUE CLAUSE FOR BUILDER'S RISKS (25. 1. 54) A or B as required.

1. SUBJECT ALWAYS TO THE EXCLUSIONS HEREINAFTER REFERRED TO:

This insurance is against all and every risk of loss of or damage to the subject matter insured including the cost of repairing replacing or renewing any defective part condemned solely in consequence of the discovery therein during the period of this insurance of a latent defect.

The expense of sighting the bottom after stranding, if reasonably incurred specially for that purpose, shall be paid even if no damage be found.

Claims payable irrespective of percentage; no deduction, new for old.

2. Notwithstanding anything to the contrary which may be contained in the policy or the clauses attached thereto, Underwriters shall not be liable for any loss or expenditure incurred solely in remedying a fault in design nor, in the event of damage resulting from faulty design and giving rise to a claim under the conditions of this insurance, for any additional expenditure incurred by reason of betterment or alteration in design.

3. This insurance shall cover the subject matter insured whilst anywhere at, or in transit within, the port or place of construction but, unless otherwise specially agreed and subject to the payment of any additional premium required, shall not attach to material in transit until it is delivered to the Builders at the port or place of construction.

4. In case of failure of launch, Underwriters to bear all subsequent expenses incurred in completing launch.

5. With leave to proceed to and from any wet or dry docks, harbours, ways, cradles and pontoons within the port or place of construction and to proceed under own power, loaded or in ballast, as often as required, for fitting out, docking, trials or delivery, within a distance by water of 250 nautical miles of the port or place of construction, or held covered at a premium to be arranged in the event of such distance being exceeded. Any movements of the vessel in tow outside the port or place of construction held covered at a premium to be arranged.

6. Held covered in case of deviation or change of voyage, provided notice be given immediately after receipt of advices and any additional premiums required be agreed.

7. General average and salvage to be adjusted according to the law and practice obtaining at the place where the adventure ends, as if the contract of affreightment if any contained no special terms upon the subject; but where the contract of affreightment so provides the adjustment shall be according to York-Antwerp Rules.

When the Vessel sails in ballast, not under charter, the provisions of the York-Antwerp Rules, 1950 (excluding Rules XX and XXI) shall be applicable, and the voyage for this purpose shall be deemed to continue from the port or place of departure until the arrival of the Vessel at the first port or place thereafter other than a port or place of refuge or a port or place of call for bunkering only. If at any such intermediate port or place there is an abandonment of the adventure originally contemplated the voyage shall thereupon be deemed to be determined.

8. In no case shall Underwriters be liable for unrepaired damage in addition to a subsequent total loss sustained during the period covered by this policy or any extension thereof.

9. In ascertaining whether the subject matter insured is a Constructive Total Loss the insured value shall be taken as the repaired value and nothing in respect of the damaged or break-up value shall be taken into account.

No claim for Constructive Total Loss based upon the cost of recovery and/or repair shall be recoverable hereunder unless such cost would exceed the insured value.

10. It is agreed that any changes of interest in the property hereby insured shall not affect the validity of this policy.

11. It is agreed that no assignment of or interest in this policy or in any moneys which may be or become payable thereunder is to be binding on or recognised by the Underwriters unless a dated notice of such assignment or interest signed by the Assured and (in the case of subsequent assignment) by the assignor be endorsed on this policy and the policy with such endorsement be produced before payment of any claim or return of premium thereunder

COLLISION CLAUSE

12. It is further agreed that if the Vessel hereby insured shall come into collision with any other vessel and the Assured shall in consequence thereof become liable to pay and shall pay by way of damages to any other person or persons any sum or sums in respect of such collision, the Underwriters will pay the Assured such proportion of such sum or sums so paid as their respective subscriptions hereto bear to the value of the Vessel hereby insured, provided always that their liability in respect of any one such collision shall not exceed their proportionate part of the value of the Vessel hereby insured, and in cases in which the liability of the Vessel has been contested, or proceedings have been taken to limit liability with the consent in writing of the Underwriters, they will also pay a like proportion of the costs which the Assured shall thereby incur or be compelled to pay; but when both vessels are to blame, then unless the liability of the Owners of one or both of such vessels becomes limited by law, claims under this clause shall be settled on the principle of cross-liabilities as if the Owners of each vessel had been compelled to pay to the Owners of the other of such vessels such one-half or other proportion of the latter's damages as may have been properly allowed in ascertaining the balance or sum payable by or the Assured in consequence of such collision.

13. Should the Vessel hereby insured come into collision with or receive salvage services from another vessel belonging wholly or in part to the same Owners or under the same management, the Assured shall have the same rights under this Policy as they would have were the other vessel entirely the property of Owners not interested in the Vessel hereby insured; but in such cases the liability for the collision or the amount payable for the services rendered shall be referred to a sole arbitrator to be agreed upon between the Underwriters and the Assured.

PROTECTION AND INDEMNITY CLAUSE

14. It is further agreed that if by reason of interest in the Vessel the Assured shall become liable to pay and shall pay any sum or sums in respect of any liability, claim, demand, damages, and/or expenses arising from or occasioned by any of the following matters or things during the currence of this Policy, that is to say:—

Loss of or damage to any other vessel or goods, merchandise, freight, or other things or interests whatsoever, on board such other vessel, caused proximately or otherwise by the Vessel insured in so far as the same is not covered by Clause 12:

Loss of or damage to any goods, merchandise, freight, or other things or interest whatsoever, other than as aforesaid (not being property on board the insured Vessel and owned by builders or repairers or of which they may be responsible), whether on board the insured Vessel or not, which may arise from any cause whatsoever:

Loss of or damage to any harbour, dock (graving or otherwise), slipway, way, gridiron, pontoon, pier, quay, jetty, stage, buoy, telegraph cable or other fixed or moveable thing whatsoever, or to any goods or property in or on the same howsoever caused:

Any attempted or actual raising, removal, or destruction of the wreck of the insured Vessel or the cargo thereof, or any neglect or failure to raise, remove, or destroy the same:

Loss of life, personal injury, illness or payments made for life salvage:

Any sum or sums for which the Assured may become liable or incur from causes not hereinbefore specified, but which are absolutely or conditionally recoverable from or undertaken by the United Kingdom Mutual Steamship Assurance Association Limited:

the Underwriters will pay the Assured such proportion of such sum or sums so paid, or which may be required to indemnify the Assured for such loss, as their respective subscriptions bear to the insured value of the Vessel hereby insured, provided always that the liability under this clause, together with any liability there may be under Clause 15, in respect of any one accident or series of accidents arising out of the same event, shall be limited to the sum hereby insured, but when the liability of the Assured has been contested with the consent in writing of the Underwriters, the Underwriters will also pay a like proportion of the costs which the Assured shall thereby incur or be compelled to pay.

15. This insurance also to pay the expenses, after deduction of the proceeds of the salvage, not recoverable under Clause 14, of the removal of the wreck of the insured Vessel from any place owned, leased or occupied by the Assured. Underwriters' liability under this Clause is subject to the limitations in amount provided in Clause 14. The provisions of that clause regarding the payment of legal costs shall also apply hereto.

16. Notwithstanding the provisions of Clauses 14 and 15, no liability shall attach thereunder in respect of any claim arising in connection with an occurrence resulting from the operation of a peril excepted by,

(i) the Free of Capture and Seizure Warranty,

(ii) the Free of Strikes, Riots and Civil Commotions Warranty.

17. Notwithstanding the provisions of Clauses 12, 13, 14 and 15, this insurance is warranted free from any claim arising directly or indirectly under Workmen's Compensation or Employers' Liability Acts and any other Statutory or Common Law Liability in respect of accidents to or illness of workmen or any other persons employed in any capacity whatsoever by the Assured or Sub-Contractors.

18. *Warranted free of capture, seizure, arrest, restraint or detainment, and the consequences thereof or of any attempt thereat; also from the consequences of hostilities or warlike operations, whether there be a declaration of war or not; but this warranty shall not exclude collision, contact with any fixed or floating object (other than a mine or torpedo), stranding, heavy weather or fire unless caused directly (and independently of the nature of the voyage or service which the vessel concerned or, in the case of a collision, any other vessel involved therein, is performing) by a hostile act by or against a belligerent power; and for the purpose of this warranty "power" includes any authority maintaining naval, military or air forces in association with a power.*
Further warranted free from the consequences of civil war, revolution, rebellion, insurrection, or civil strife arising therefrom, or piracy.

19. *Warranted free of loss or damage caused by strikers locked-out workmen or persons taking part in labour disturbances riots or civil commotions.*

Should Clause 18 be deleted, Clause 20 is to operate as part of this policy.

20. *Warranted free of any claim based upon loss of, or frustration of, the insured voyage or adventure caused by arrests restraints or detainments of Kings Princes Peoples Usurpers or persons attempting to usurp power.*

21. *Warranted free of loss or damage caused by earthquake, volcanic eruption or tidal wave arising therefrom.*

Builders' Risks

Institute Clauses for Limitation of Liability in Respect of Faulty Design & P. & I. Risks

(INST. F. D. & P. & I. CLAUSE).

Notwithstanding anything to the contrary which may be contained in the policy or the clauses attached thereto —

(1) Underwriters shall not be liable for any loss or expenditure incurred solely in remedying a fault in design nor, in the event of damage resulting from faulty design and giving rise to a claim under the conditions of this insurance, for any additional expenditure incurred by reason of betterment or alteration in design.

(2) The amount recoverable under the Protection and Indemnity Clause in respect of any one accident or series of accidents arising out of the same event shall in no case exceed the sum hereby insured. Costs are payable in addition as provided in the Protection and Indemnity Clause of the current Institute Clauses for Builders' Risks.

Institute Strikes Clauses
Builders' Risks

1. This insurance covers
loss of or damage to the property hereby insured caused by strikers locked-out workmen or persons taking part in labour disturbances riots or civil commotions, but excludes any loss of or damage to the property hereby insured covered by the Institute War Clauses for Builders' Risks.

2. Warranted free of any claim for expenses arising from delay except such expenses as would be recoverable in principle in English law and practice under York-Antwerp Rules 1950.

3. Claims payable irrespective of percentage.

4. *Protection & Indemnity and removal of Wreck.*
This insurance also covers, subject to the limitation of liability provided for in Clause 14 of the Institute Clauses for Builders' Risks, the liability under Clauses 14 and 15 of the Institute Clauses for Builders' Risks which is excluded by Clause 16 (ii).

5. The Institute Clauses for Builders' Risks are deemed to be incorporated in this insurance, in so far as they do not conflict with the provisions of these clauses, but this insurance excludes any claim which would be recoverable under the Standard Form of English Marine Policy with the said clauses attached.

6. No return of premium hereunder unless specially agreed.

Institute War Clauses
Builder's Risks

1. *Subject alaways to the exclusions hereinafter referred to, this insurance covers*

(1) the risks excluded from the Standard Form of English Marine Policy by the clause :—

"Warranted free of capture, seizure, arrest, restraint or detainment, and the consequences thereof or of any attempt thereat; also from the consequences of hostilities or warlike operations, whether there be a declaration of war or not; but this warranty shall not exclude collision, contact with any fixed or floating object (other than a mine or torpedo), stranding, heavy weather or fire unless caused directly (and independently of the nature of the voyage or service which the vessel concerned or, in the case of a collision, any other vessel involved therein, is performing) by a hostile act by or against a belligerent power; and for the purpose of this warranty 'power' includes any authority maintaining naval, military or air forces in association with a power.

Further warranted free from the consequences of civil war, revolution, rebellion, insurrection, or civil strife arising thereform, or piracy.";

(2) loss of or damage to the property hereby insured caused by :—

(a) hostilities warlike operations civil war revolution rebellion insurrection or civil strife arising therefrom;

(b) mines torpedoes bombs or other engines of war.

Nevertheless this insurance is warranted free of any claim based upon loss of, or frustration of, the insured voyage or adventure caused by arrests restraints or detainments of Kings Princes Peoples Usurpers or persons attempting to usurp power.

Provided that the insurance against the risks under (1) and (2) above shall not attach to the subject matter insured until the vessel is launched and then shall attach only to such part of the subject matter as is built into or is in or on the vessel at the time of the launch. The insurance against the said risks shall attach to the remainder of the subject matter insured only as it is placed in or on the vessel subsequent to the launch.

2. Claims payable irrespective of percentage.

Protection & indemnity and removal of wreck

This insurance also covers, subject to the limitation of liability provided for in Clause 14 of the Institute Clauses for Builders' Risks, the liability under Clauses 14 and 15 of the Institute Clauses for Builders' Risks which is excluded by Clause 16 (i).

Provided however that such cover shall not attach until the vessel is launched.

4. The Institute Clauses for Builders' Risks are deemed to be incorporated in this insurance, in so far as they do not conflict with the provisions of these clauses.

5. *This insurance excludes*

(1) loss damage or expense arising from, also liability arising in connection with an occurence resulting from

(a) any hostile detonation of any weapon of war employing atomic or nuclear fission and/or fusion or other like reaction or radioactive force or matter, hereinafter called a nuclear weapon of war

(b) the outbreak of war (whether there be a declaration of war or not) between any of the following countries

United Kingdom, United States of America, France, the Union of Soviet Socialist Republics, the People's Republic of China

(c) requisition or preemption

(d) capture seizure arrest restraint detainment or confiscation by the Government of the country in which the vessel is owned or registered

(e) arrest restraint or detainment under quarantine regulations or by reason of infringement of any customs regulations;

(2) loss damage or expense covered by the Standard Form of English Marine Policy with the Institute Clauses for Builders' Risks attached;

(3) any claim for expenses arising from delay except such expenses as would be recoverable in principle in English law and practive under the York-Antwerp Rules 1950.

Notice of cancellation and automatic termination of cover clause

(a) This insurance may be cancelled by either the Underwriters or the Assured giving 14 days notice (such cancellation becoming effective on the expiry of 14 days from midnight of the day on which notice of cancellation is issued by or to Underwriters). Underwriters agree however to reinstate this insurance subject to agreement between Underwriters and the Assured prior to the expiry of such notice of cancellation as to new rate premium and/or conditions and/or warranties.

Whether or not such notice of cancellation has been given this insurance shall TERMINATE AUTOMATICALLY

(i) upon the occurence of any hostile detonation of any nuclear weapon of war as defined in Clause 5 (1) (a) wheresoever or whensoever such detonation may occur and whether or not the insured vessel may be involved

(ii) upon the outbreak of war (whether there be a declaration of war or not) between any of the following countries

United Kingdom, United States of America, France, the Union of Soviet Socialist Republics, the People's Republic of China

(iii) in the event of the vessel named herein being requisitioned, either for title or use.

(b) In the event either of cancellation by notice or of automatic termination of this insurance by reason of the operation of section (a) of this Clause, or of the sale of the vessel, pro rata net return of premium shall be payable to the Assured.

This insurance shall not become effective if, prior to the intended time of its attachement, there has occured any event which would have automatically terminated the insurance under the provisions of Clause 6 above had this insurance attached prior to such occurence.

American Institute
Builder's Risk Form

December 1, 1959

To be attached to and form a part of Policy No...................*of*........................

....

Insuring ....

....

FOR ACCOUNT OF THEMSELVES AND/OR ANY OWNER OR OWNERS OF THE VESSEL at the time of the happening of the loss, as interest may appear. Loss, if any, (excepting claims required to be paid to others under the Collision Clause), payable to ....

....

.... or order.

Sum Insured Hereunder ....

.... Dollars,

from the .... day of .... 19......, Noon, ... time (which is warranted by the Assured to be the date of laying of the keel) to the .... day of .... 19......, Noon, ... time (hereinafter referred to as "expiration date") or until delivery if delivered at an earlier date.

On hull, tackle, apparel, ordnance, munitions, engines, boilers, machinery, appurtenances (including plans, patterns, moulds, etc.), boats and other equipment, furniture and fixtures and all material, including staging, scaffolding and similar temporary construction, but only to the extent the cost of any of the foregoing is included in the completed contract price, belonging to and destined for..

.... building at the yard of the Builder at.. as per clauses hereinafter set forth.

The Underwriters to be paid in consideration of this insurance ....

....

.... Dollars, being at the rate of .... per cent.

In the event of such delivery not being effected by the aforesaid expiration date, this Policy may be extended at .... per month, provided previous notice be given to these Underwriters, but not for more than .... months from the date of original attachment; however, in no case shall this Policy extend beyond delivery of the Vessel.

In consideration of an additional premium of $ .... being at the rate of .... per cent., this Policy is extended to cover delivery trip from the port of construction to ....

It is a condition of this extension that the Vessel (and tug and towing arrangements, if any) shall be approved prior to sailing by a surveyor appointed by these Underwriters.

In the event of a claim payable under this Policy, the Underwriters shall not be liable for a greater proportion thereof than the sum insured hereunder bears to the completed contract price of $ .... (hereinafter referred to as "completed contract price") which shall be the value for the purposes of this insurance.

In the event of delivery prior to the expiration date, or any extension thereof, to return .... per cent. net for each period of thirty days not entered upon, but such return shall not exceed in all ....

In event of non-payment of premium thirty days after attachment (or with respect to any extension, non-payment thirty days after commencement of such extension), this Policy may be cancelled by the Underwriters upon five days' written notice being given the Assured. Written or telegraphic notice sent to the named Assured(s) at his (their) last known address shall constitute a complete notice of cancellation, and at noon on the fifth day after such notice shall have been mailed or telegraphed, this Policy shall be null and void. Such notice mailed or telegraphed to the said Assured care of the Broker who negotiated this insurance shall have the same effect as if sent to the Assured direct. Such proportion of the premium, however, as shall have been earned up to the time of such cancellation shall be due and payable and shall be computed on a pro rata monthly basis, excluding the portions of the premium charged for launching and/or trials, which portions, however, shall be earned in full if launching or any trial or trials have taken place prior to such cancellation. However, in the event of Total or Constructive Total Loss occurring prior to cancellation, the full premium under the Policy (including extensions, if any), shall be deemed earned.

This Policy insures against all risks of physical loss of or damage to the subject matter hereby insured, except as hereinafter provided.

In the event that faulty design of any part or parts should cause loss of or damage to the subject matter insured, thisinsurance shall not cover the cost or expense of repairing, replacing or renewing such part or parts, nor any expenditure incurred by reason of betterment or alteration in design.

In case of failure of launch, Underwriters shall bear, up to the sum insured hereunder, their proportion of all subsequent expenses incurred in completing launch.

This Policy insures only, during the period aforesaid while the subject matter hereby insured is at (ashore or afloat) the building location hereinbefore named; while in transit within the port of construction to and from such location; while on trial trips (including proceeding to and returning from the trial course) loaded or otherwise, as often as required, within a distance by water of 100 nautical miles of the port of construction or held covered as hereinafter provided.

Held covered at an additional premium, if any, to be named by these Underwriters in the event of deviation or change of voyage, provided notice be given these Underwriters:

(a) Prior to sailing in the event of change of voyage or,

(b) Immediately after receipt by the Assured of advices of deviation or proposed deviation.

In case of any loss or misfortune, it shall be lawful and necessary for the Assured, their Factors, Servants and Assigns, to sue, labor and travel for, in, and about the defense safeguard and recovery of the subject matter hereby insured, or any part thereof, without prejudice to this insurance, to the charges whereof the Underwriters will contribute their proportion as provided below. And it is expressly declared and agreed that no acts of the Underwriters or Assured in recovering, saving or preserving the property hereby insured shall be considered as a waiver or acceptance of abandonment.

In the event of accident whereby loss or damage may result in a claim under this Policy, prompt notice shall be given in writing to the Underwriters in order that they may appoint their own surveyor, if they so desire.

There shall be no recovery for a Constructive Total Loss under this Policy unless the expense of recovering and restoring the Vessel (as insured hereunder) to the stage of its construction at time of loss, on the ways, while being launched or after launching, would exceed her value at such stage of construction (which value shall be taken to be the cost of labor actually expended in the construction of the Vessel and material actually incorporated therein at the time of the loss, including accrued overhead and profit on such labor and material, not exceeding the completed contract price); but no claim for a Total or Constructive Total Loss hereunder shall exceed this Policy's proportion of the value so computed. This Policy shall also pay its proportion of any damage to material insured hereunder and not yet installed in the Vessel and its proportion of any salvage and special charges and sue and labor expenses.

If claim for Total Loss or Constructive Total Loss in admitted or established under this Policy and sue and labor expenses have been reasonably incurred in excess of any proceeds realized or value recovered, the amount payable under this Policy will be the proportion of such excess that the sum insured hereunder (without deduction for loss or damage) bears to the completed contract price or the sound value of the Vessel at the time of the accident, whichever was greater.

In no case shall Underwriters be liable for unrepaired damage in addition to a subsequent Total or Constructive Total Loss sustained during the period covered by this Policy, or any extension thereof.

Average payable irrespective of percentage, and without deduction of one-third, whether the Average be particular or general.

This Policy also covers its proportion of General Average, Salvage and Special Charges applicable to the subject matter hereby insured payable as provided in the contract of affreightment, or failing such provision, or if there be no contract of affreightment, payable in accordance with the Laws and Usages of the Port of New York and/or per York/Antwerp Rules 1950. Provided always that when an adjustment according to the Laws and Usages of the port of destination is properly demanded by the owners of the cargo, General Average shall be paid in accordance with same.

And it is further agreed that in the event of salvage, towage or other assistance being rendered to the Vessel hereby insured by any Vessel belonging in part or in whole to the same Owners or Charterers, the value of such services (without regard to the common ownership or control of the Vessels) shall be ascertained by arbitration in the manner below provided for under the Collision

Clause, and the amount so awarded so far as applicable to the interest hereby insured shall constitute a charge under this Policy.

When the contributory value of the Vessel is greater than the completed contract price herein the liability of these Underwriters for General Average contribution (except in respect to amount made good to the Vessel) or Salvage shall not exceed that proportion of the total contribution due from the Vessel that the sum insured hereunder bears to the contributory value; and if because of damage for which these Underwriters are liable as Particular Average the value of the Vessel has been reduced for the purpose of contribution, the amount of the Particular Average claim under this Policy shall be deducted from the sum insured hereunder and these Underwriters shall be liable only for the proportion which such net amount bears to the contributory value.

In the event of expenditure under the Sue and Labor Clause, this Policy shall pay the proportion of such expenses that the amount insured hereunder bears to the completed contract price of the Vessel, or that the sum insured hereunder, less loss and/or damage payable under this Policy, bears to the actual value of the salved property; whichever proportion shall be less.

Collision Clause

And it is further agreed that if the Vessel hereby insured shall come into collision with any other Ship or Vessel and the Assured or the Charterers or the Surety in consequence of the insured Vessel being at fault shall become liable to pay and shall by way of damages to any other person or persons any sum or sums in respect of such collision, we, the Underwriters will pay the Assured, or the Charterers, or the Surety, whichever shall have paid, such proportion of such sum or sums so paid as our respective subscriptions hereto bear to the completed contract price of the Vessel hereby insured, provided always that our liability in respect to any one such collision shall not exceed our proportionate part of the completed contract price of the Vessel hereby insured And in cases where the liability of the Vessel has been contested or proceedings have been taken to limit liability, with the consent in writing of a majority (in amount) of Hull Underwriters, we will also pay a like proportion of the costs which the Assured or Charterers shall thereby incur, or be compelled to pay; but when both Vessels are to blame, then, unless the liability of the Owners or Charterers of one or both such Vessels becomes limited by law, claims under the Collision Clause shall be settled on the principle of Cross-Liabilities as if the Owners or Charterers of each Vessel had been compelled to pay to the Owners or Charterers of the other of such Vessels such one-half or other proportion of the latter's damages as may have been properly allowed in ascertaining the balance or sum payable by or to the Assured or Charterers in consequence of such collision; and it is further agreed that the principles involved in this clause shall apply to the case where both Vessels are the property, in part or in whole, of the same Owners or Charterers, all questions of responsibility and amount of liability as between the two Vessels being left to the decision of a single Arbitrator, if the parties can agree upon a single Arbitrator, or failing such agreement, to the decision of Arbitrators, one to be appointed by the Managing Owners or Charterers of both Vessels, and one to be appointed by the majority (in amount) of Hull Underwriters interested; the two Arbitrators chosen to choose a third Arbitrator before entering upon the reference, and the decision of such single, or of any two of such three Arbitrators, appointed as above, to be final and binding. Provided always that this clause shall in no case extend to any sum which the Assured, or the Charterers, or the Surety, may become liable to pay or shall pay for removal of obstructions under statuory powers, for injury to harbors, wharves, piers, stages, structures, or any other objects (excepting other Vessels and property thereon), consequent on such collision, or in respect of the cargo, baggage or engagements of the Insured Vessel, or for loss of life, or personal injury. And provided also that in the event of any claim under this clause being made by anyone other than the Owners of the Vessel hereby insured, he shall not be entitled to recover in respect of any liability to which the Owners of the Vessel as such would not be subject, nor to a greater extent than the Owners would be entitled in such event to recover.

Protection and Indemnity Clauses

It is further agreed that if the Assured shall by reason of the interest in the insured Vessel become liable to pay and shall pay any sum or sums in respect of any responsibility, claim, demand, damages, and/or expenses arising from or occasioned by any of the following matters or things during the currency of this Policy, that is to say:—

Loss of or damage to any other Vessel or goods, merchandise, freight, or other things or interests whatsoever, on board such other Vessel, caused proximately or otherwise by the Vessel insured insofar as the same is not covered by the Collision Clause in this Policy; but the foregoing is not intended and shall not be construed to cover liability in excess of the amount recoverable under the Collision Clause:

Loss of or damage to any goods, merchandise, freight or other things or interest whatsoever, other than as aforesaid (not being builders' gear or material or cargo on the insured Vessel), whether on board the insured Vessel or not, which may arise from any cause whatsoever;

Loss of or damage to any harbor, dock (graving or otherwise), slipway, way, gridiron, pontoon, pier, quay, jetty, stage, buoy, telegraphic cable or other fixed or moveable thing whatsoever, or to any goods or property in or on the same, howsoever caused;

Loss of life, personal injury, or illness, or payments made on account of salvage whether of life or property;

Any attempted or actual raising, removal or destruction of the wreck of the insured Vessel or the cargo thereof or any neglect or failure to raise, remove or destroy the same; however, for the purpose of this paragraph only, the Assured shall be deemed liable for expenses, after deducting any proceeds of the salvage, actually incurred by the Assured in removing the wreck of the insured Vessel from the Assured's own premises;

Any sum or sums for which the Assured may become liable or incur from causes not hereinbefore specified, but which are recoverable under the printed forms of Protection and Indemnity policy commonly issued by stock insurance companies in the United States;

the Underwriters will pay the Assured such proportion of such sum or sums so paid, or which may be required to indemnify the Assured for such loss, as their respective subscriptions bear to the completed contract price of the Vessel hereby insured, provided always that the amount recoverable under these P. & I. Clauses in respect of any one accident or series of accidents arising out of the same event shall not exceed the sum hereby insured, and when the liability of the Assured has been contested with the consent in writing of a majority (in amount) of the Underwriters on the Vessel hereby insured, the Underwriters will also pay a like proportion of the costs which the Assured shall thereby incur or be compelled to pay.

Notwithstanding anything to the contrary contained in these P. & I. Clauses, the Underwriters shall not be liable for or in respect of any loss, damage, liability or expense excluded by the F. C. & S. Warranties hereinafter set forth (Lines 178 through 190); or sustained or caused by mimes or torpedoes, wehter of enemy or friendly orign; or sustained in consequence of placing the Vessel in jeopardy as an act or measure of war taken in the actual process of a military engagement, including embarking or disembarking troops or material of war in the immediate zone of such engagement; and any such loss, damage and expense shall be excluded from this Policy without regard to whether the Assured's liability in respect thereof is based on negligence or otherwise, and whether in time of peace or war.

F. C. & S. Warranties and other Exclusions

Notwithstanding anything to the contrary contained in any part of this Policy, this insurance is warranted free from any claim for loss, damage, liability or expense arising directly or indirectly from:

(A) Capture seizure, arrest, restraint or detainment, or the consequences thereof or of any attempt thereat, or any taking of the Vessel, by requisition or otherwise, whether in time of peace or war and whether lawful or otherwise; also from all consequences of hostilities or warlike operations (whether there be a declaration of war or not), but the foregoing shall not exclude collision or contact with aircraft, rockets or similar missiles, or with any fixed or floating object (other than a mine or torpedo), stranding, heavy weather, fire or explosion unless caused directly (and independently of the nature of the voyage or service which the vessel concerned or, in the case of a collision, any other vessel involved therein, is performing) by a hostile act by or against a belligerent power, and for the purpose of this warranty "power" includes any authority maintaining naval, military or air forces in association with a power; also warranted free, whether in time of peace or war, from all loss, damage or expense caused by any weapon of war employing atomic or nuclear fission and/or fusion or other reaction or radioactive force or matter.

Further warranted free from the consequences of civil war, revolution, rebellion, insurrection, or civil strife arising therefrom, or piracy;

(B) Loss of life of, or personal injury to, or illness of an employee of an Assured under this Policy;

(C) Loss or damage caused by strikers, locked-out workmen or persons taking part in labor disturbances or riots or civil commotions;

(D) Any consequential damages or loss through delay, however caused, except to the extent, if any, covered by the Collision Clause or the P. & I. Clauses of this Policy;

(E) The firing or testing of any weapon of war from, by or on the Vessel. This exclusion is in addition to and is not to be considered in whole or in part as a substitution for or modification of the F. C. & S. Warranties hereinbefore set forth;

(F) Damage to docks, shipways, tools or any other property of the shipyard not intended to be incorporated in the Vessel, except as covered in Lines 12 through 17;

(G) Any nuclear incident, reaction, radiation or any radioactive contamination, whether controlled or uncontrolled, and whether the loss, damage, liability or expense be proximately or remotely caused thereby, or be in whole or in part caused by, contributed to, or aggravated by the risks and liabilities insured under this Policy, and whether based on the Assured's negligence or otherwise.

This Policy shall not be vitiated by any unintentional error in description of interest or voyage, provided the same be communicated to Underwriters as soon as known to the Assured, and an additional premium paid of required.

The words "Owner" and "Assured" as used in this Policy shall be interpreted to mean either "Builder" or "Owner" or both, but shall in no event be construed to mean subcontractors.

If war risks are hereafter insured by endorsement on this Policy, such endorsement shall supersede lines 167 through 174 and 178 through 190 only to the extent that their terms are inconsistent and only while such war risks endorsement remains in force.

The terms and conditions of this form are to be regarded as substituted for those of the policy form to which it is attached, the latter being hereby waived, except provisions required by law to be inserted in the Policy.

Builder's Risk — Form 50 — Amended

(January 1939)
F. C. & S. Clause (Sept. 8, 1959)

....for account of themselves and/or any owner or owners of the vessel as interest may appear at the time of the happening of the loss. Loss, if any, payable in funds current in the United States to
....or order
do make insurance and cause to be insured to the amount of..............................
.... Dollars
for the period of time commencing.......................................at noon, New York time (which is warranted by the assured to be the date of laying of the keel) and ending...at noon, New York time, or until delivery at......................................if delivered at an earlier date. In the event of such delivery not being effected by..
this policy may be extended at...monthly additional premium provided notice of the extension be given to this Company prior to
....
In no case shall this insurance extend beyond delivery of the vessel.

In the event cancellation to return............................per cent. net for each uncommenced month cancelled, but such return shall not exceed in all...... ....

On Hull, Tackle, Apparel, Ordnance, Munitions, Artillery, Engines, Boilers, Machinery, Appurtenances, etc. (including plans, patterns, moulds, etc.) Boats and other Furniture and Fixtures and all material belonging and destined for
....building at
....
as per clauses hereinbelow specified.

In the event of loss the underwriters shall not be liable for a greater proportion there of than the amount of this insurance bears to the completed contract price.

This Company to be paid in consideration of this insurance.................Dollars being at the rate of.................per cent.

TOUCHING the Adventurers and Perils which we, the said Underwriters, are contented to bear and take upon us, they are of the Seas, Men-of-War, Fire, Enemies, Pirates, Rovers, Thieves, Jettisons, Letters of Mart and Counter-Mart, Surprisals, Takings at Sea, Arrests, Restraints and Detainments of all Kings, Princes and Peoples, of what nation, condition or quality soever, Barratry of the Master and Mariners, and of all other like Perils, Losses and Misfortunes that have or shall come to the Hurt, Detriment or Damage of the said Vessel, &c., or any part thereof; excepting, however, such of the foregoing Perils as may be excluded by provisions elsewhere in the Policy or by endorsement. And in case of any loss or misfortune it shall be lawful for the Assured, their factors, servants and assigns, to sue, labor and travel for, in, and about the defense, safeguard and recovery of the said ship, &c., or any part thereof, without prejudice to this insurance; to the charges whereof the said insurance company will contribute according to the Rate and Quantity of the sum herein Assured. And it is expressly declared and agreed that no acts of the insurer or insured in recovering, saving or preserving the property insured shall be considered as a waiver or acceptance of abandonment. With leave to sail with or without pilots, to tow and be towed, and to assist vessels and/or craft in all situations and to any extent, and to go on trial trips. With liberty to discharge, exchange and take on board goods, specie, passengers, and stores, wherever the Vessel may call at or proceed to, and with liberty to carry goods, live cattle, & c., on deck or otherwise, but warranted free of any claim in respect of deck cargo. Including all risks of docking, undocking, changing docks, or moving in harbour and going on or off gridiron slipways, graving docks and/or pontoon or dry docks as often as may be done during the currency of this Policy.

Clauses for Builder's Risk

This insurance is also to cover all risks, including fire, while under construction and/or fitting out, including materials in Buildings, Workshops, yards and docks of the assured, or on quays, pontoons, craft, &c., and all risks while in transit to and from the works and/or the vessel wherever she may be lying, also all risks of loss or damage through collapse of supports or ways from any cause whatever, and all risks of launching and breakage of the ways.

This Insurance is also to cover all risks of trial trips, loaded or otherwise, as often as required, and all risks whilst proceeding to and returning from the trial course but warranted that all trials shall be carried out within a distance by water of 100 nautical miles of the place of construction or held covered at a rate to be arranged.

With leave to proceed to and from any wet or dry docks, harbours, ways, cradles, and pontoons during the currency of this policy.

With leave to fire guns and torpedoes but no claim to attach hereto for loss or damage to same or to ship or machinery unless the accident results in the total loss of the Vessel.

In case of failure of launch, underwriters to bear all subsequent expense incurred in completing launch.

Average payable irrespective of percentage, and without deduction of one-third, whether the Average be particular or general.

General Average and Salvage charges as per foreign custom, payable as per foreign statement, and/or per York-Antwerp rules, if required; and in the event of Salvage, towage, or other assistance being rendered to the Vessel hereby insured by any Vessel belonging in part or in whole to the same owners, it is hereby agreed that the value of such services (without regard to the common ownership of the Vessels) shall be ascertained by Arbitration in the manner hereinafter provided for under "Collision Clause", and the amount so awarded, so far as applicable to the interest hereby insured, shall constitute a charge under this policy.

In the event of deviation to be held covered at an additional premium to be hereafter arranged.

To cover while building all damage to hull, machinery, apparel, or furniture, caused by settling of the stocks, or failure or breakage of shores, blocking or staging, or of hoisting or other gear, either before or after launching and while fitting out.

It is agreed that any changes of interest in the steamer hereby insured shall not affect the validity of this policy.

And it is expressly declared and agreed that no acts of the Insurer or Insured, in recovering, saving, or preserving the property insured shall be considered as a waiver or acceptance of abandonment.

This Insurance also specially to cover loss of or damage to the hull or machinery, through negligence of Master, Mariners, Engineers or pilots, or through explosions, bursting of boilers, breakage of shafts, or through any latent defect in the Machinery, or Hull, or from explosions or other causes, arising either on shore or otherwise, causing loss of or injury to the property hereby insured, provided such loss or damage has not resulted from want of due diligence by the Owners of the Ship or any of them, or by the Manager, and to cover all risks incidental to steam navigation, or in graving docks.

COLLISION CLAUSE

And it is further agreed that if the Ship hereby insured shall come into collision with any other Ship or Vessel, and the assured shall in consequence thereof become liable to pay, and shall pay by way of damages to any other person or persons any sum or sums not exceeding in respect of any one such collision the value of the Ship hereby Insured, we the assurers, will pay the assured such proportion of such sum or sums so paid as our subscription thereto bear to the completed contract price of the Ship hereby Insured. And in cases where the liability of the Ship has been contested, with the consent, in writing, of a majority of the underwriters on the hull and/or machinery (in amount), we will also pay a like proportion of the costs thereby incurred or paid; but when both Vessels are to blame, then, unless the liability of the owners of one or both of such Vessels becomes limited by law, claims under the Collision Clause shall be settled on the principle of CROSS LIABILITIES, as if the owners of such Vessels had been compelled to pay to the owners of the other of such Vessels such one-half or other proportion of the latter's damages as may have been properly allowed in ascertaining the balance or sum payable by or to the assured in consequence of such collision.

And it is further agreed that the principles involved in this clause shall apply to the case where both Vessels are the property, in part or in whole, of the same owners, all questions of responsibility and amount of liability as between the two Ships being left to the decision of a single Arbitrator, if the parties can agree upon a single Arbitrator, or failing such agreement, to the decision of Arbitrators, one to be appointed by the managing owners of both Vessels, and one to be appointed by the majority in amount of Underwriters interested in each Vessel; the two Arbitrators chosen to choose a third Arbitrator before entering upon the reference. The terms of the Arbitration Act of 1889 to apply to such reference, and the decision of such single, or of any two of such three Arbitrators, appointed as above, to be final and binding.

This clause shall also extend to any sum which the Assured may become liable to pay, or shall pay for removal of obstructions under statutory powers, or for injury to harbours, wharves, piers, stages, and similar structures.

PROTECTION AND INDEMNITY CLAUSE

It is further agreed that if the Assured shall by reason of his interest in the insured Ship become liable to pay and shall pay any sum or sums in respect of any responsibility, claim, demand, damages, and/or expenses arising from or occasioned by any of the following matters or things during the currency of this policy, that is to say:—

Loss of or damage to any other ship or boat or goods, merchandise, freight, or other things or interests, whatsoever on board such other ship or boat caused proximately or otherwise by the ship insured in so far as the same is not covered by the running down clause set out above.

Loss of or damage to any goods, merchandise, freight or other things or interests, whatsoever other than as aforesaid whether on board the said Steamship or not, which may arise from any cause whatever.

Loss of or damage to any harbour, dock (graving or otherwise), slipway, way, gridiron, pontoon, pier, quay, jetty, stage, buoy, telegraph cable, or other fixed or movable thing whatsoever, or to any goods or property in or on the same, howsoever caused.

Any attempted or actual raising, removal or destruction of the wreck of the insured ship or the cargo thereof, or any neglect or failure to raise, remove, or destroy the same.

Any sum or sums for which the Assured may become liable or incur from causes not hereinbefore specified, but which are or have heretofore been absolutely or conditionally recoverable from or undertaken by the Liverpool and London Steamship Protection Association, Limited, and/or North of England Protecting and Indemnity Association, but excluding loss of life and personal injury.

These assurers will pay the Assured such proportion of such sum or sums so paid, or, which may be required to indemnify the Assured for such loss, as their respective subscriptions bear to the completed contract price of the ship hereby insured, and where the liability of the Assured has been contested with the consent in writing of a majority (in amount) of the Underwriters on the ship hereby insured, those assurers will also pay a like proportion of the costs which the Assured shall thereby incur or be compelled to pay.

NOTWITHSTANDING THE FOREGOING, this Policy is:—

(A) Warranted free from any claim arising directly or indirectly under Workmens' Compensation or Employers Liability Acts and any other Statutory or

Common Law liability in respect of accidents to any person or persons whomsoever.

(B) Warranted free of loss or damage caused by strikers, locked-out workmen or persons taking part in labour disturbances or riots or civil commotions.

(C) Warranted free of loss or damage caused by earthquake.

(D) Warranted free of any consequential damages or claims for loss through delay however caused.

(E) Warranted free from claim for loss or damage to engines, boilers and all other materials while in transport, except in the port at which the vessel is being built.

This policy shall not be vitiated by any unintentional error in description of interest or voyage, provided the same be communicated to Assurers as soon as known to the assured, and an additional premium paid if required.

The words "Owner" and "Assured" as used in this policy shall be interpreted to mean either "Builder" or "Owner" or both.

The terms and conditions of this form are to be regarded as substituted for those of the policy to which it is attached, the latter being hereby waived, except provisions required by law to be inserted in the policy.

Attached to Policy No..*of the*..

Dated..

Unless physically deleted by the Underwriters, the following warranty shall be paramount and shall supersede and nullify any contrary provision of the Policy:

F. C. & S. CLAUSE

Notwithstanding anything to the contrary contained in the Policy, this insurance is warranted free from any claim for loss, damage or expense caused by or resulting from capture, seizure, arrest, restraint or detainment, or the consequences thereof or of any attempt thereat, or any taking of the Vessel, by requisition or otherwise, whether in time of peace or war and whether lawful or otherwise; also from all consequences of hostilities or warlike operations (whether there be a declaration of war or not), but the foregoing shall not exclude collision or contact with aircraft, rockets or similar missiles, or with any fixed or floating object (other than a mine or torpedo), stranding, heavy weather, fire or explosion unless caused directly (and independently of the nature of the voyage or service which the vessel concerned or, in the case of a collision, any other vessel involved therein, is performing) by a hostile act by or against a belligerent power, and for the purpose of this warranty "power" includes any authority maintaining naval, military or air forces in association with a power; also warranted free, whether in time of peace or war, from all loss, damage or expense caused by any weapon of war employing atomic or nuclear fission and/or fusion or other reaction or radioactive force or matter.

Further warranted free from the consequences of civil war, revolution, rebellion, insurrection, or civil strife arising therefrom, or piracy.

If war risks are hereafter insured by endorsement on the Policy, such endorsement shall supersede the above warranty only to the extend that their terms are inconsistent and only while such war risk endorsement remains in force.

Imprimé du 16 Mars 1944
mis à jour le 1er Janvier 1955

Police francaise

D'Assurance Maritime sur Corps de Navires en Construction

N° .... *du* .... *19*..... *Fr.* .... *à* ....°/o *Fr.* ....
Assuré: .... *Police* . . . .
Navire: .... *Taxe unique d'assurances.* ________
Durée des risques: ....
Total . . . . . . Fr. ________

Conditions générales

ARTICLE PREMIER

Risques couverts

Sont aux risques des assureurs, dans les conditions ci-après déterminées, les dommages et pertes qui arrivent au navire assuré par tempête, naufrage, échouement, abordage, heurt contre un corps fixe, mobile ou flottant, ouragan, raz-de-marée, crue, glace, foudre, phénomènes météorologiques ou sismiques, jet, feu, explosion, pillage et généralement tous accidents, fortunes de mer et événements de force majeure. Sont notamment à la charge des assureurs les risques de mise à bord et de montage, ainsi que les dommages et pertes causés au navire ou aux pièces qui lui sont destinées par l'affaissement, l'effondrement ou la rupture des cales de construction, supports ou échafaudages, ou par tous accidents matériels de manutention.

La présente police couvre, en outre, et dans les mêmes termes, en tant toutefois que le dommage est à la charge de l'assuré, les matériaux, machines, chaudières, pièces mécaniques, moteurs, appareils accessoires et tous autres objets destinés au navire et répartis dans les établissements de l'assuré ou dans ceux des autres constructeurs, fournisseurs ou sous-traitants, ainsi que pendant leur manutention, magasinage, mouvements à terre ou à flot, sur wagons, camions, en allèges, chalands ou sur pontons, etc. et pendant leur transport par tous moyens par terre ou par eaux fluviales ou maritimes.

Ces risques demeurent couverts même en cas de changement forcé de route ou de voyage, ainsi qu'en cas de baraterie de patron, faute du capitaine, des gens de mer ou des pilotes.

Sont également aux risques des assureurs, et dans les mêmes conditions, les dommages et pertes causés aux objets garantis par les fautes de l'assuré sauf dol ou fraude, ou par les fautes de ses préposés, de ses sous-traitants ou de toute personne au service du navire ou des engins utilisés à la construction.

Sont de même aux riques des assureurs les dommages et pertes aux objets garantis provoqués par un vice caché du corps ou des appareils moteurs; il est, toutefois, spécifié qu'en aucun cas le remplacement ou la réparation des pièces affectées d'un vice caché ne sera à la charge des assureurs.

La présente police est régie dans son ensemble par les dispositions qui y sont stipulées et par les règles qui gouvernent l'assurance maritime.

ARTICLE 2.

Recours de tiers

Sont à la charge des assureurs, même dans les cas prévus aux quatrième et cinquième alinéas de l'article premier, les risques de recours de tiers, autres que ceux qui sont exceptés par les paragraphes 6 et 7 de l'article 4 A, exercés contre le navire assuré.

ARTICLE 3.

Chargement

Il est permis d'embarquer des hommes, des chevaux, du matériel, des munitions, des matières inflammables, explosives ou corrosives, et, généralement, toutes facultés quelconques, tant dans la cale que sur le pont, dans les conditions, prévues par les règlements, les usages reconnus du commerce ou par une autorisation de l'autorité compétente.

ARTICLE 4.

Risques exclus

A. Les assureurs sont exempts, par exception et dérogation, en tant que de besoin, à ce qui été dit à l'article premier quant à la garantie de la baraterie de patron:

1° Des faits de dol ou de fraude du capitaine;

De tous événements quelconques résultant de violation de blocus, de contrebande ou de commerce prohibé ou clandestin;

Le tout à moins que le capitaine n'ait été changé sans l'agrément de l'assuré ou de son représentant et remplacé par un autre que par le second;

2° Des dommages et pertes provenant de vice propre ou de vétusté, sauf ce qui est dit à l'article premier au sujet des fautes et du vice caché;

3° De la piqûre des vers sur les parties du navire non protégées par un doublage métallique;

4° De tous frais d'hivernage, de quarantaine et de jours de planche;

5° De toutes les conséquences qu'entraînent, pour le navire, les faits quelconques du capitaine ou de l'équipage à terre;

6° De tous recours exercés par qui que ce soit, et pour une cause quelconque, en raison de dommages ou préjudices relatifs au chargement et aux engagements du navire assuré, ainsi que des recours de tiers pour dommages occasionnés par le chargement mis à bord de ce navire;

7° De tous recours pour faits de mort ou de blessures et pour tous accidents ou dommages corporels.

B. — Il est expressément convenu que les assureurs sont et demeurent étrangers:

1° Aux primes des emprunts à la grosse contractés, ainsi qu'aux commissions de consignation et d'avances de fonds payées en tout autre lieu que dans un port de relâche;

2° A la saisie et vente du navire dans quelques lieu et pour quelque cause que ce soit, ainsi qu'aux frais de la caution qui pourrait être fournie pour le libérer de cette saisie;

3° Aux effets de toutes déterminations de l'armateur à l'égard des créanciers, prises en vertu de l'article 216 du Code de Commerce.

ARTICLE 5.

Risques de guerre

Les assureurs sont affranchis des dommages et pertes provenant de guerre civile ou étrangère, hostilités, représailles, captures, saisies, arrêts, contraintes, molestations ou détentions par tous gouvernements et autorités quelconques; explosions de torpilles- mines, bombes ou autres engins de guerre, et généralement de tous accidents et fortune du guerre ainsi que de ceux provenant de piraterie et actes de sabotage ou de terrorisme ayant un caractère politique ou se rattachent à la guerre.

ARTICLE 6.

Risques de grève.

Les assureurs sont également affranchis des dommages et pertes provenant d'émeutes, mouvements populaires, grèves, lock-out et autres faits analogues.

ARTICLE 7.

Durée des risques.

Les risques de l'assurance courent à partir de la date fixée ci-après pour suivre et continuer, sans interruption, jusqu'à la livraison du navire par le constructeur au lieu et suivant les conditions déterminées dans la police.

ARTICLE 8.

Etendue de l'assurance.

Les risques courent pendant les séjours et mouvements à terre, la lancement, la mise à l'eau, les séjours et mouvements à flot, les réparations, les passages et séjours dans les docks, sur le slip, au bassin à sec et à flot, les essais au port, en rivière, en rade et en mer et généralement dans quelque lieu que ce soit dans les limites prévues par la police.

Il est permis au navire d'entrer ou de se faire remorquer dans les ports, rades, rivières et canaux et d'en sortir sans pilote. Il lui est également permis de naviguer, soit à la voile, soit avec ses appareils moteurs, ensemble ou séparément, de faire tous remorquages et sauvetages et de prêter toutes assistances, étant entendu que les avaries éprouvées au cours de ces opérations de remorquage, de sauvetage et d'assistance ne seront à la charge des assureurs qu'autant que l'assuré n'aura pu en recouvrer le montant.

ARTICLE 9.

Valeur agréée.

La police doit obligatoirement faire mention de la valeur du navire au début de l'assurance; elle doit mentionner également la valeur probable en risques dans les opérations de lancement ou de mise à l'eau, ainsi que la valeur finale à la livraison.

Ces valeurs successives augmentent progressivement au fur et à mesure de l'avancement des travaux, sans qu'il soit besoin d'en faire d'autre déclaration.

Elles comprennent indivisément le corps et les appareils moteurs ainsi que tous les accessoires du navire; notamment les victuailles, avances à l'équipage, armement et toutes mises dehors du navire; à moins qu'il ne puisse être justifié que certaines de ces dépenses concernaient un intérêt distinct de celui de l'assuré.

A défaut de cette justification, les assureurs du navire seront en droit, en cas de délaissement, de réduire sa valeur d'assurance du montant de toutes assurances faites séparément sur victuailles, avances à l'équipage, armement ou mises dehors, avant ou après l'assurance du navire.

La valeur finale à la livraison doit correspondre, au minimum, au prix de base fixé au marché de construction, indépendamment des formules de correction de prix qui y sont prévues; ce prix de base devra être indiqué dans la police. La valeur finale représente la valeur agréée du navire, les parties s'interdisant expressément de la contester aussi longtemps qu'une nouvelle valeur n'aura pas été déterminée par un avenant à la police.

Au cas où la nouvelle valeur, par suite notamment de réduction des travaux ou de jeu des moins-values, serait inférieure à la valeur finale primitivement fixée au marché, la valeur agréée serait réduite du même montant et il serait fait, sur la différence, ristourne de la prime, proportionnellement au temps restant à courir depuis la date à laquelle cette réduction aura été déclarée par l'assuré, jusqu'à la date prévue pour la fin des risques.

Au cas où, au contraire, cette nouvelle valeur, par suite notamment de travaux additionnels ou du jeu des plus-values, serait supérieure à la valeur finale primitivement fixée, la valeur agréée serait augmentée du montant correspondant. L'assurance éventuelle de ces augmentations sera réservée par priorité aux assureurs primitifs dans la proportion de leurs souscriptions respectives; le taux à appliquer sur les augmentations de valeurs sera égal au taux original majoré de toutes les surprimes décomptées ou à décompter.

Le taux de la prime stipulé dans la police est sujet à révision si les modifications de valeurs prévues aux 6e et 7e alinéas, du présent article entraînent une modification de la catégorie du navire dans le tarif en vigueur au moment de la souscription du contrat d'assurance. Une telle modification de la catégorie du navire donnera lieu à application du taux de prime correspondant en plus ou en moins, et ce, rétroactivement depuis le début des risques.

La présent contrat est établi sur la base d'un questionnaire dûment rempli et signé par l'assuré et dont toutes les déclarations sont certifiées exactes par lui.

ARTICLE 10.

Assurances complémentaires.

L'assuré est autorisé à contracter toutes assurances complémentaires qu'il jugera nécessaires sur recours de tiers, frais de retirement ainsi qu'excédent de frais de sauvetage ou d'assistance.

En dehors de ces assurances, il s'interdit, par contre, expressément toute autre assurance, sous quelque forme que ce soit, ayant pour objet de permettre à l'assuré de toucher au total, en cas de délaissement, un montant supérieur à la valeur agrée. Toute assurance contractée par lui, par son ordre ou pour son compte, contrairement aux prescriptions du présent alinéa, réduit d'autant, en cas de perte totale ou de délaissement, la somme assurée sur le navire.

Ne seront pas considérées comme assurances complémentaires les assurances qui seraient souscrites par d'autres assureurs que les signataires de la présente police, si ces assurances sont comprises dans la valeur agréée.

Toutefois, si l'assuré peut justifier de l'obligation d'avoir à livrer, en vertu du contrat de construction, un autre navire en remplacement du navire assuré, après la perte totale ou le délaissement de ce dernier, il aura le droit de faire couvrir le montant du préjudice correspondant à la différence ente la valeur comptable du navire à sa livraison et la valeur de remplacement probable.

ARTICLE 11.

Primes, taxes, droits et impôts.

1° La prime est payable comptant à trente jours de la prise des risques. Toutefois, si l'assurance est contractée pour une période au moins égale à douze mois, la prime sera payable en autant de termes égaux que la police comportera de multiples de six mois. Le règlement devra toujours être effectué le jour du commencement de chaque terme; il est accordé, toutefois, pour le paiement du premier terme un délai de trente jours à compter de la prise des risques.

En cas de non-paiement à l'une quelconque des échéances prévues au présent paragraphe, les risques seront, sans qu'il soit besoin d'aucune sommation ni mise en demeure, automatiquement suspendus jusqu'au lendemain 0 heure de la date du paiement de la prime en retard et ce, sans préjudice de la faculté de résiliation prévue à l'article 15. En conséquence, pour tout sinistre survenu pendant cette suspension des risques, les assureurs n'auront aucune indemnité à payer, tous leurs droits contre l'assuré en exécution du contrat, et, en particulier, leur droit au recouvrement de la prime entière stipulée demeurant néanmoins expressément réservés.

Toutefois, lorsque la prime est payable en plusieurs termes, le non-paiement à l'échéance de tous les termes, autres que le premier, n'entraînera la suspension prévue au présent paragraphe que si la date de l'échéance a été, au moins quinze jours à l'avance, rappelée à l'assuré par lettre recommandée. Si ce rappel a été adressé à l'assuré moins de quinze jours avant l'échéance, la suspension n'interviendra qu'à 0 heure, le seizième jour suivant celui du rappel. Dans le cas prévu au deuxième alinéa du paragraphe 2 de l'article 15, le rappel pourra être adressé au domicile élu chez le courtier.

2° La prime fixée d'autre part est établie à forfait et est acquise en entier dans tous les cas dès que les risques des assureurs ont pris cours.

3° Le coût de la police et les taxes, droits et impôts existants ou pouvant être établis sont à la charge de l'assuré. Ils sont toujours payables en totalité comptant et sans aucune déduction, lors de la ressortie de la prime.

4° La prime, le coût de la police et les taxes, droits et impôts sont payables dans le lieu de la souscription et entre les mains des assureurs ou, à la demande de l'assuré, à telle personne ou à tel organisme désigné par les assureurs.

5° Il sera fait, sans frais, ristourne de la prime en cas de perte totale ou d'annulation du marché de construction avant le commencement des risques, mais si la police est rompue pour toute autre cause avant ce moment, les assureurs auront droit à l'indemnité prévue à l'article 349 du Code de Commerce, à condition que cette indemnité ne soit pas supérieure à la prime stipulée.

6° Si la construction est arrêtée après le commencement des risques pour toute autre cause qu'un événement à la charge des assureurs, la police pourra être résiliée et il sera consenti, de ce fait, une ristourne dont le taux sera fixé suivant les risques qui auront été courus par les assureurs.

ARTICLE 12.

Constatations des avaries, mesures conservatoires et préventives.

1° En cas d'événement pouvant donner lieu à recours contre les assureurs, l'assuré est tenu de s'adresser immédiatement, pour les constatations, aux assureurs ou à leurs représentants.

2° Tous droits réciproquement réservés, l'assuré doit et les assureurs peuvent prendre ou requérir toutes les mesures de conservation ou de sauvetage que comporte la situation.

L'assuré doit fournir aux assureurs tous documents ou renseignements en son pouvoir pour aider à l'exécution des mesures conservatoires. Il doit, également, en cas de pertes ou dommages imputables à des tiers, prendre toutes mesures nécessaires pour conserver, au profit des assureurs, le recours en responsabilité que la loi peut lui accorder contre ces tiers et leur prêter son concours sans réserve pour engager éventuellement les poursuites nécessaires.

3° L'assuré est responsable de sa négligence à prévenir les assureurs ou leurs représentants, à prendre lui-même les mesures de conservation ou à donner à ses préposés les instructions nécessaires à cet effet, ainsi que des obstacles qu'il apporterait à l'action des assureurs.

4° Les assureurs s'engagent à payer les frais nécessités par toute mesure préventive prise dans l'intérêt commun et, exception faite pour le cas d'impossibilité justifiée, d'accord avec eux ou leurs représentants.

ARTICLE 13.

Renonciation aux recours.

1° Les assureurs n'exerceront de recours personnels contre toute personne dont l'assuré serait civilement responsable et à qui serait imputée une faute même malveillante, que si l'assuré faisait cause commune avec eux.

2° Ils n'exerceront que dans la même éventualité de recours personnels contre le futur armateur ou les personnes dont celui-ci serait civilement responsable, ainsi que contre les entrepreneurs ou sous-traitans de l'assuré, agents du Veritas, ou toutes autres personnes, à bord ou non, à qui serait imputée une faute en ce qui concerne les objets assurés par la police.

ARTICLE 14.

Hypothèques.

Toute hypothèque maritime, grevant l'intérêt assuré au moment de la signature de la police ou contractée pendant la durée des risques, doit, sous peine de nullité de l'assurance, être déclarée aux assureurs et la prime payée immédiatement, à moins que les prêteurs hypothécaires n'en garantissent le paiement à l'échéance.

Toutefois, la nullité prévue au présent article ne sera pas encourue si l'hypothèque non déclarée aux assureurs a été contractée après la signature de la police, mais à condition que le montant de cette hypothèque, augmenté, le cas échéant, de celui des autres hypothèques pouvant exister sur le navire, soit inférieur à 50 % de la valeur agréée du navire; dans ce cas, l'assuré devra aux assureurs, à titre d'indemnité forfaitaire, une somme égale à la moitiée de la prime convenue s'il n'a pas déclaré l'hypothèque aux assureurs dans les quinze jours de son inscription.

ARTICLE 15.

Nullité ou résiliation de l'assurance.

1° Par application de l'article 365 du Code de Commerce, l'assuré et les assureurs sont toujours présumés avoir reçu connaissance immédiate des nouvelles concernant le navire et qui sont parvenues par un moyen quelconque au lieu où ils se trouvent respectivement, même à des tiers inconnus d'eux.

En conséquence, toute assurance, même sur bonnes ou mauvaises nouvelles, est nulle s'il est justifié que la nouvelle de l'arrivée du navire, ou du sinistre le concernant, était connue, soit au lieu où se trouvait l'assuré avant l'ordre d'assurance donné, soit sur la place de la souscription des risques, avant la signature de la police, sans qu'il soit besoin d'administrer aucune preuve directe de connaissance acquise de la nouvelle par l'assuré ou l'assureur.

Quiconque, après avoir donné de bonne foi un ordre d'assurance, apprend un sinistre concernant le navire avant d'être avisé de l'exécution, est tenu de donner aussitôt contre-ordre, même par le télégraphe ou le téléphone, à peine de nullité de la police, laquelle sera maintenue si le contre-ordre ainsi donné n'arrive qu'après l'exécution.

Il est entièrement dérogé aux articles 366 et 367 du Code de Commerce.

2° En cas de faillite, de liquidation judiciaire, ou de suspension notoire de paiements de l'assuré, ou en cas de non-paiement d'une prime échue, les assureurs peuvent résilier la police par une simple notification, même par une lettre recommandée à la poste. La résiliation produit ses effets à l'expiration d'un délai de quinze jours à dater de sa notification, les assureurs renonçant à la prime proportionnellement à la durée des risques qui restait à courir.

L'assuré, le syndic de faillite ou le liquidateur judiciaire résidant hors de France continentale sont présumés, lorsque l'assuré aura traité par l'entremise d'un courtier, avoir élu domicile chez ce courtier, et toute notification de résiliation pourra être valablement effectuée à ce domicile élu.

En cas de faillite, de liquidation judiciaire ou de suspension notoire de paiements d'un assureur, l'assuré a la réciprocité des mêmes droits à l'égard de cet assureur, mais avec faculté de lui notifier la résiliation de la police sans délai.

3° La vente publique du navire fait cesser de plein droit l'assurance du jour de la vente.

L'assurance continue de plein droit en cas de vente privée s'appliquant à moins de moitié de l'intérêt assuré.

En cas de vente privée s'appliquant à moitié au moins de l'intérêt assuré, l'assurance de l'intérêt vendu ne continue qui si l'acquéreur l'a demandé aux assureurs, a été agréé par eux et s'engage à payer la totalité de la prime, si elle n'a pas été déjà réglée.

Dans le cas où l'assurance de l'intérêt vendu ne continue pas, les assureurs ont droit à la prime proportionnellement au temps couru par rapport à la période d'assurance, sans qu'en aucun cas, cette prime puisse être inférieure au quart de la prime stipulée.

ARTICLE 16.

Fin de non-recevoir.

Seront irrecevables toutes réclamations à la charge des assureurs qui leur seraient présentées après l'expiration du délai minimum de quinze mois à dater de l'accident, à l'exception des réclamations pour avaries communes ou assistance, ainsi que de celles afférentes à des recours de tiers exercés contre le navire assuré.

ARTICLE 17.

Délaissement.

1° Par dérogation expresse au Code de Commerce, le délaissement ne peut être fait que dans les seuls cas ci-après:

a) Dans le cas où le montant total des réparations d'avaries à la charge des assureurs, établi conformément au premier paragraphe de l'article 18 (déduction faite des débris), y compris les frais de déblaiement, atteint soit les trois quarts de la valeur agréée à la livraison, soit les neuf dixièmes de la valeur en risque au moment de l'événement, cette dernière valeur étant déterminée conformément à l'article 9; dans la première éventualité, les assureurs paieront l'entière valeur agréée, dans la seconde (et si les trois quarts de la valeur agréée à la livraison ne sont pas atteints), ils seront libérés par le versement des dix dixièmes de la valeur en risque au moment de l'événement.

Ne doivent entrer en ligne de compte dans les calculs ci-dessus que les réparations d'avaries résultant des risques à la charge des assureurs et prescrites par les experts pour la remise du navire en l'état dans lequel il se trouvait au moment de l'événement. Il ne peut notamment y être compris aucun chiffre pour dépenses imprévues, gages et vivres d'équipage, primes de grosse, frais d'expertises, de procédures ou de sauvetage, etc., non plus que pour réparations provisoires.

Si le navire, effectivement réparé, est parvenu à destination, le délaissement n'est point recevable, quel qu'ait été le coût des réparations; dans ce cas, l'action d'avaries est seule ouverte à l'assuré.

b) En cas de disparition ou de destruction totale du navire; les assureurs paieront alors l'intégralité de la valeur en risques au moment de l'événement. Le délaissement pour défaut de nouvelles peut être fait après trois mois de la date des derniers nouvelles reçues; l'assuré est tenu de justifier de la non-arrivée. La perte sans nouvelles, en tant qu'elle concerne les assureurs de la présente police, sera réputée s'être produite à la date des dernières nouvelles.

c) en cas de condamnation du navire faute de moyens matériels de réparations, mais seulement s'il est établi que le navire ne pouvait pas relever avec sécurité, au besoin après allègement ou en remorque, pour un autre port où il eût trouvé les ressources nécessaires et, de plus, que les assurés ne pouvaient pas faire parvenir au lieu de la relâche les pièces de rechange indispensables qui y feraient défaut. Ne peut, au contraire, être délaissé aux assureurs le navire qui aura été condamné en raison seulement du manque de fonds nécessaires au paiement des dépenses de réparations ou autres.

2° Dans tous les cas donnant lieu au délaissement, les assureurs, auxquels auront été délaissés les objets assurés, auront toujours la faculté d'opter entre l'acceptation du délaissement et le règlement en perte totale sans transfert de propriété. Ils devront, toutefois, faire connaître leur décision à l'assuré dans les trente jours de la date à laquelle celui-ci leur aura signifié le délaissement, sans que ce délai puisse être inférieur à trente jours à dater du jour où il leur aura été fait remise complète des pièces justificatives de son droit au délaissement.

En cas de délaissement, les assureurs n'ont pas droit au fret sauvé (loi du 12 août 1885) non plus qu'aux subventions de l'Etat.

Les gages et vivres qui pourront être dus par l'armement à l'équipage, ainsi que tous rapatriements, vivres supplémentaires ou autres frais de l'équipage ne seront jamais supportés par les assureurs du navire dans la liquidation de sauvetage; s'ils ont été prélevés sur les produits du navire ou de ses débris, ils seront répétés contre l'assuré. Il en sera ainsi alors même qu'il n'y aurait ni fret sauvé, ni fret payé d'avance, ni subvention de l'Etat.

ARTICLE 18.

Avaries particulières.

1° Il n'est admis dans les règlements d'avaries que le coût des remplacements et réparations reconnus nécessaires par les experts pour remettre le navire en l'état dans lequel il se trouvait au moment de l'événement, l'assuré ne pouvant prétendre à aucune indemnité ni pour dépréciation, ni pour chômage, ni pour une autre cause quelconque.

Ce coût devra être justifié, soit par des factures acquittées, soit par tous autres documents établissant que les réparations ont bien été effectuées.

La valeur des objets donnant lieu à réclamations est déterminée par les livres de comptabilité de l'assuré et sera majorée de 10 % pour tenir compte du bénéfice de ce dernier.

Dans le cas où le lancement ne s'accomplirait pas avec succès, tous les frais et dépenses que nécessiteraient une ou plusieurs tentatives nouvelles seront intégralement à la charge des assureurs.

2° Dans les règlements d'avaries particulières, les vivres et gages d'équipage ne sont en aucun cas à la charge des assureurs, sauf ce qui est dit à l'article 19 ci-après.

3° Les avaries particulières seront, dans tous les cas, remboursées sans franchise.

4° En cas de sinistre se produisant en dehors du navire assuré, il devra être justifié que les matériaux qui n'étaient pas à bord étaient bien destinés au navire et, par suite, faisaient partie des objets assurés.

5° Les primes des emprunts à la grosse contractés dans un port de relâche, commissions d'avance de fonds, intérêts ou tous autres frais proportionnels sont ventilés et ne sont supportés par les assureurs que proportionnellement à l'indemnité nette à leur charge, établie d'après les conditions de la police.

ARTICLE 19.

Voyages pour réparations.

Lorsque le navire a éprouvé des avaries à la charge des assureurs et qu'il se trouve dans un port où les réparations seraient impossibles ou trop dispendieuses, le capitaine, sur l'avis conforme du représentant des assureurs, ou, à défaut, du Consul de France, devra s'y borner aux réparations jugées indispensables et aller, au besoin en remorque, les compléter au port le plus convenable où elles pourraient s'effectuer avec économie.

Pendant les trajets ainsi faits, et à condition qu'ils le soient en dehors des opérations commerciales du navire, la prime ne court pas; les vivres et gages d'équipage et les frais de remorquage sont à la charge des assureurs.

Le capitaine devra également ne point faire doubler ou caréner son navire au port où il se trouve en avaries, s'il est reconnu par les experts que cette dépense peut être ajournée à un moment plus opportun.

Si le navire séjourne dans un port de relâche en attendant des pièces de rechange qui lui sont envoyées d'ailleurs et sans lesquelles il ne pourrait continuer son voyage, les vivres et gages d'équipage sont également à la charge des assureurs, et la prime cesse de courir pendant la durée de cette attente.

ARTICLE 20.

Avaries communes.

1° La contribution du navire aux avaries communes est remboursée par les assureurs sans déduction de franchise; toutefois, elle ne leur incombe que proportionnellement à la valeur assurée, déduction faite, s'il y a lieu, des avaries particulières à leur charge, la responsabilité des assureurs étant limitée à la somme obtenue par application du taux de la contribution à la valeur assurée, ainsi réduite, le cas échéant, sans que cette somme puisse excéder le montant incombant à l'assuré.

2° Les règlements d'avaries communes pourront être établis conformément à la loi française ou aux règles d'York et d'Anvers, si cette convention est stipulée au contrat d'affrètement. Dans le cas contraire, ils devront être établis conformément aux lois et usages du port de destination.

Le présent paragraphe ne déroge en rien aux dispositions du présent contrat en ce qui concerne le règlement entre assureurs et assuré et, en conséquence, les règlements d'avaries communes seront, le cas échéant, redressés en conformité des dites dispositions, eu égard, notamment, aux indemnités qui pourraient être classées en avaries communes au profit du navire pour dépréciation ou pour chômage.

ARTICLE 21.

Dépenses d'assistance et de sauvetage.

En cas d'échouement suivi de remise à flot, ainsi que d'assistance au navire en détresse ou de sauvetage en mer, tous les frais exposés pour le renflouement, l'assistance et le sauvetage seront remboursés sans franchise. Il en sera de même lorsque des objets du navire auront été sacrifiés au cours de ces opérations.

Lorsque le navire aura un chargement à bord, les assureurs ne devront, dans les limites fixées au premier paragraphe de l'article 20, que la part contributive incombant au navire dans ces frais et sacrifices.

ARTICLE 22.

Recours de tiers.

Le montant des recours de tiers à la charge des assureurs sera remboursé sans franchise.

ARTICLE 23.

Abordage ou assistance entre navires du même assuré.

Au cas où le navire assuré entrerait en abordage avec un autre navire appartenant à l'assuré ou en recevrait assistance, il est expressément convenu que le règlement aura lieu comme si les navires appartenaient à des armateurs différents; les questions de responsabilité de la collision ou d'indemnité, pour services rendus seront fixées, à l'égard des intéressés sur corps, par un arbitre unique qui sera désigné d'accord entre les assureurs et l'assuré, ou, à défaut d'accord, par ordonnance du président du Tribunal de Commerce compétent, rendue sur simple requête, et qui ne statuera qu'en premier ressort.

ARTICLE 24.

Paiement des pertes ou avaries.

1° Toutes pertes et avaries à la charge des assureurs sont payées comptant, trente jours après la remise compléte des pièces justificatives, au porteur de ces pièces et de la présente police, sans qu'il soit besoin de procuration.

2° Lors du remboursement d'une perte ou d'une avarie, toutes primes, échues ou non, dues par l'assuré, sont, en cas de faillite ou de suspension de paiements, compensées et les billets acquittés donnés ou reçus pour comptant.

S'il n'y a pas faillite ni suspension de paiements, les assureurs n'ont droit de compenser que la prime, même non échue, de la police, objet de la réclamation, et toutes autres primes échues.

ARTICLE 25.

Limitation des engagements des assureurs.

Dans tous les cas entraînant la responsabilité des assureurs, chaucun d'eux n'est engagé qu'au prorata de la somme par lui souscrite, laquelle forme, pour la durée de la présente assurance, la limite de ses engagements; il ne peut jamais être tenu de payer au delà, à quelque titre et pour quelque cause que ce soit.

Toutefois, le capital assuré se reconstituera automatiquement après chaque événement et il sera dû, sur le montant nécessaire à cette reconstitution, une surprime proportionnelle, qui sera calculée par jour sur le temps à courir depuis l'événement jusqu'à la livraison du navire, sans que cette surprime puisse être inférieure, pour chaque reconstitution du capital assuré, à 0,15 % du montant nécessaire à cette reconstitution.

ARTICLE 26.

Compétence.

1° Par dérogation à toutes dispositions contraires des lois relatives à la compétence, les assureurs ne peuvent être assignés que devant le Tribunal de Commerce du lieu où le contrat a été souscrit, ou, au choix de l'assuré, si le contrat a été souscrit par un agent ou mandataire, devant le Tribunal de Commerce du siège de la Compagnie ou du domicile de l'assureur.

2° Toutefois, si plus de la moitié de la valeur agréée du navire est souscrite sur un même lieu, l'assuré peut assigner, devant le Tribunal de Commerce de ce lieu, déjà saisi d'un litige, les autres assureurs pour faire juger à leur égard le même litige.

3° L'assuré, même non commerçant, pourra toujours être assigné par les assureurs devant le Tribunal de Commerce du lieu où le contrat a été souscrit, l'assuré y faisant élection de domicile.

INSTITUTE CLAUSES FOR BUILDERS' RISKS

Le segunti «Institute Clauses for Builders' Risks (1-5-1963)» prevalgono sulle «Condizioni Generali»

1. — SALVO SEMPRE LE ESCLUSIONI PIU' AVANTI INDICATE, la presente assicurazione è prestata contro tutti i rischi di perdita o danno all'oggetto assicurato incluso il costo di riparazione, sostituzione o rinnovazione di qualsiasi parte difettosa condannata soltanto perchè, durante il periodo previsto dalla presente assicurazione, vi è stato scoperto un difetto latente.

Le spese per visitare la carena dopo un incaglio, se ragionevolmente incontrate a tale specifico scopo, saranno pagate anche se nessun danno verrà riscontrato.

Le avarie saranno pagate senza franchigia e senza riduzione dal nuovo al vecchio.

2. — Nonostante qualsiasi disposizione contraria che possa essere contenuta nella polizza o nelle clausole ad essa aggiunte, gli Assicuratori non saranno responsabili di perdite o spese incontrate unicamente per correggere un errore di progetto nè, in caso di danno derivante da errore di progetto che desse origine ad un reclamo in base alle condizioni della presente assicurazione, di alcuna spesa supplementare incontrata per il miglioramento o la modifica del progetto.

3. — La presente assicurazione coprirà l'oggetto assicurato dovunque si trovi nel porto o luogo di costruzione o durante i trasferimenti entro gli stessi ma, a meno che sia altrimenti ed espressamente convenuto e venga pagato il soprapremio richiesto, essa non coprirà il materiale in transito fino a che lo stesso non sarà stato consegnato di Costruttori nel porto o luogo di costruzione.

4. — Nel caso di insuccesso del varo, saranno a carico degli Assicuratori tutte le ulteriori spese incontrate per il completamento del varo stesso.

5. — Con facultà di trasferirsi a e da qualsiasi darsena o bacino di carenaggio, scalo, invasatura e pontile entro il porto, o luogo di costruzione e di trasferirsi con mezzi propri, con carico od in zavorra, quante volte occorra, per allestimento, immissione in bacino, prove o consegna, entro una distanza d'acqua di 250 miglia nautiche dal porto o luogo di costruzione. In caso di distanza maggiore, la nave sarà tenuta coperta ad un premio de stabilire.

Qualsiasi movimento della nave a rimorchio fuori del porto o luogo di costruzione sarà tenuto coperto ad un premio da stabilire.

6. — La nave sarà tenuta coperta in caso di deviazione o cambiamento di viaggio purchè degli stessi sia data communicazione immediatamente dopo avutane notizia e venga accettato il soprapremio richiesto.

7. — L'avaria generale ed il salvataggio saranno regolati secondo la legge e gli usi del luogo in cui termina la spedizione, como se il contratto di noleggio, quando esista, non contenesse speciali patti al riguardo; il regolamento sarà però effettuato in base alle Regole di York ed Anversa quando il contratto di noleggio così stabilisce.

Quando la nave parte in zavorra, non noleggiata, si applicheranno le disposizioni delle Regole di York ed Anversa, 1950 (escluse le Regole XX e XXI) ed a tale scopo si considererà che dal porto o luogo di partenza il viaggio continui fino all'arrivo della nave nel prossimo porto o luogo che non sia porto o luogo di rilascio o porto o luogo di scalo per solo rifornimento di combustibile. Se in uno qualsiasi di tali porti o luoghi intermedi ci sia abbandono della spedizione originariamente progettata, il viaggio sarà conseguentemente considerato finito.

8. — In nessun caso gli Assicuratori saranno responsabili per danni non riparati quando si verifichi successivamente una perdita totale durante il periodo coperto dalla presente polizza o da qualsiasi prolungamento della stessa.

9. — Per accertare se l'oggetto assicurato abbia sobìto una perdita totale presunta, si prenderà in considerazione il valore assicurato come se esso corrispondesse al valore dell'oggetto allo stato riparato senza tener conto del valore allo stato danneggiato o di demolizione.

Nessun reclamo per perdita totale presunta, basato sul costo di ricupero e/o di riparazione, sarà risarcibile in forza della presente polizza a meno che tale costo non ecceda il valore assicurato.

10. — E' convenuto che qualsiasi cambiamento di interesse nell'ogetto assicurato non influirà sulla validità della presente polizza.

11. — E' convenuto che nessuna cessione della presente polizza o di interesse nella stessa o su qualsialsi somma che in base ad essa possa essere o diventare pagabile, impegnerà gli Assicuratori o sarà da questi riconosciuta salvo che un avviso datato di tale cessione od interesse, firmato dall'Assicurato e (in caso di successiva cessione) dal Cedente, venga annotato sulla presente polizza e quest'ultima, munita di tale annotazione, sia presentata prima del pagamento di qualsiasi reclamo o rimborso di premio.

Clausola di collisione

12. — E' inoltre convenuto che se la nave assicurata con la presente polizza verrà in collisione con qualsiasi altra nave e l'Assicurato sarà conseguentemente tenuto a pagare e pagherà ad altra od altre persone qualsiansi, a titolo di danni, una somma o delle somme qualsiansi in relazione a tale collisione, gli Assicuratori rimborseranno all'Assicurato quella proporzione della somma o delle somme così pagate che sarà uguale al rapporto fra le loro rispettive sottoscrizioni ed il valore assicurato della nave, inteso sempre che la loro responsabilità in relazione ad ogni singola collisione non dovrà eccedere la loro parte proporzionale del valore assicurato della nave, e nei casi in cui la responsabilità della nave sia stata contestata, od un'azione sia stata intentata con il conseno scritto degli Assicuratori per limitare la responsabilità, gli Assicuratori rimborseranno pure una uguale proporzione delle spese che l'Assicurato incontrerà o sarà costretto a pagare; ma quando ambedue le navi sono colpevoli, allora, salvo che la responsibilità degli Armatori di una o di ambedue le navi venga limitata per legge, i reclami sotto la presente clausola saranno regolati in base al principio delle responsibilità incrociate come se gli Armatori di ciascuna nave fossero stati costretti a pagare agli Armatori dell'altra nave la metà o quell'altra proporzione dei danni di quest'ultima che fosse stata debitamente accordata nell'accertare il saldo o la somma pagabile dall'Assicurato od all'Assicurato in conseguenza di tale collisione.

13. — Qualora la nave assicurata con la presente polizza venisse in collisione con un'altra nave appartenente, in tutto o in parte, agli stessi Armatori o alla stessa gestione, o da quest'altra nave ricevesse delle prestazioni di salvataggio, l'Assicurato avrà, in base alla presente polizza, gli stessi diritti che egli avrebbe se l'altra nave appartenesse interamente ad Armatori non interessati nella nave assicurata con questa polizza; ma in tali casi la determinazione della responsabilità della collisione o della somma dovuta per i servizi resi, sarà rimessa ad un arbitro unico da nominarsi di comune fra Assicuratori ed Assicurato.

Clausola protezione e indennità

14. — E' inoltre stabilito che se a causa di un interesse nella nave l'Assicurato sarà tenuto a pagare e pagherà una somma o delle somme qualsiansi in relazione a qualunque responsibilità, reclamo, ingiunzione, danno e/o spesa derivanti o causati da uno dei seguenti fatti od avvenimenti nel corso della presente polizza, cioè:

— perdita di o danno a: qualsiasi altra nave, carico, merce, nolo od altre cose od interessi qualsiansi, a bordo di detta altra nave, causati direttamente o meno dalla nave assicurata per la parte di cui quest'ultima non è coperta dalla clausola 12;

— perdita di o danno a: qualsiasi carico, merce, nolo, od altre cose od interessi qualsiansi diversi da quelli sopramenzionati (che non siano oggetti, a bordo della nave assicurata, di proprietà dei costruttori o dei riparatori o dei quali essi possano essere responsabili), trovantisi o no a bordo della nave assicurata, qualunque ne sia la causa;

— perdita di o danno a: qualsiasi porto, bacino (di carenaggio o di altro genere), scalo, guida, impalcatura, pontile, molo, banchina, gettata, approdo, boa, cavo telegrafico od altro aggetto fisso o mobile, od a qualsiasi merce od oggetto che si trovino negli o sugli stessi, qualunque ne sia la causa;

— qualsiasi tentato od attuato ricupero, rimozione o distruzione del relitto della nave assicurata o del relativo carico, o qualsiasi negligenza od omissione nel ricuperare, rimuovere o distruggere gli stessi;

— morte, lesioni personali, malattie o pagamenti fatti per salvataggio di vite umane;

— qualsiasi somma che l'Assicurato fosse tenuto a pagare od incontrasse per cause non specificate più sopra ma che risultasse, condizionatamente o incondizionatamente, rimborsabile o garantita dalla « United Kingdom Mutual Steamship Assurance Association Limited »; gli Assicuratori rimborseranno all' Assicurato quella proporzione della somma o delle somme così pagate, o che possono essere richieste per indennizzare l'Assicurato di tale perdita, che sarà uguale al rapporto fra le loro rispettive sottoscrizioni ed il valore coperto sulla nave assicurata con la presente polizza, inteso sempre che la responsabilità in base alla presente clausola, insieme con qualsiasi responsabilità che potesse risultare in base alla clausola 15, sarà limitata, in relazione ad ogni singolo accidente o singola serie di accidenti derivanti dallo stesso avvenimento, alla somma assicurata con la presente polizza, ma quando la responsabilità dell'Assicurato sia stata contestata con il consenso scritto degli Assicuratori, questi rimborseranno pure un'uguale proporzione delle spese che l'Assicurato, per tale motivo, incontrerà o sarà costretto a pagare.

15. — Gli Assicuratori pagheranno, previa deduzione di quanto ricavato dal salvataggio, anche le spese, non ricuperabili sotto la clausola 14, per la rimozione del relitto della nave assicurata da qualsiasi luogo di proprietà dell'Assicurato o da questi affitato od occupato. Tale responsabilità degli Assicuratori è sogetta alle limitazioni di somma stabilite nella clausola 14. Le disposizioni di quella clausola, riguardanti il pagamento delle spese legali, saranno applicabili anche in questo caso.

16. — Nonostante le disposizioni delle clausole 14 e 15, gli Assicuratori, in base alla presente polizza, non saranno tenuti a rispondere di alcun reclamo connesso ad un avvenimento derivante da un rischio escluso dalle clausole:

a) franco di cattura e sequestro;

b) franco di scioperi, tumulti e sommosse civili;

17. — Nonostante le disposizioni delle clausole 12, 13, 14 e 15, la presente assicurazione è prestata franca die qualsiasi reclamo derivante, direttamente od indirettamente, da norme di leggi speciali o di diritto comune, per infortuni di malattie di operai od oltre persone, impiegate in qualsialsi qualità dall'Assicurato o da Subcontraenti.

18. — Franco di cattura, sequestro, arresto, costrizione o detenzione, e conseguenze relative o da qualsiasi tentativo a tal fine; franco pure dalle conseguenze di ostilità od operazioni belliche, sia che esista o no dichiarazione di guerra; ma questa clausola no escluderà le perdite ed i danni derivanti da collisione, contatto con qualsiasi oggetto fisso o galleggiante (eccettuate mine o torpedini), arenamento, cattivi tempi od incendio, a meno che risultino essere effetto diretto (indipendentemente dalla natura del viaggio o servizio che la nave di cui trattasi o, in caso di collisione, qualsiasi altra nave coinvolta nella stessa, stanno effettuando) di un atto ostile di o contro una potenza belligerante; ed ai fini di questa clausola, il termine « potenza » include qualsiasi autorità che mantenga forze navali, terrestri od aeree in associazione con una potenza.

Franco, inoltre, delle conseguenze di guerra civile, rivoluzione, ribellione, insurrezione, o conflitto civile che ne derivi o pirateria;

19. — Franco di perdita o danno causati da scioperanti, lavoratori colpiti da serrata o da persone che prendono parte ad atti contro l'esercizio del lavoro, tumulti o sommosse civili.

In caso di abrogazione della causola 18, *diventa operativa la clausola* 20 *quale parte della presente polizza.*

20. — Franco di qualsiasi reclamo basato sulla perdita o frustrazione del viaggio o della spedizione assicurati, causate da arresti, costrizioni, o detenzioni di Sovrani, Principi, Popoli, Usurpatori o persone che tentano di usurpare il potere.

21. — Franco di perdita o danno causati da terremoto, eruzione vulcanica o conseguente marea.

In caso di divergenza fra il testo italiano e quello inglese delle « Institute Clauses for Builders' Risks » sopra riportato prevarranno il testo e l'interpretazione inglese.

Patti speciali aggiunti (10-7-63)

Art. 1. — I seguenti « Patti Speciali Aggiunti » prevalgono sulle « Condizioni Generali » e sulle sopra riportate « Institute Clauses for Builders' Risks ».

Art. 2. — La Ditta assicurata dichiara, e gli Assicuratori sottoscritti prendono atto, che il periodo per il quale viene stipulata l'assicurazione corrisponde al periodo risultante dal contratto di costruzione, e più precisamente

decorre	per costruzioni sullo scalo, dall'impostazione della chiglia; per costruzioni in bacino a secco anzichè dall'impostazione della chiglia, dalla data in cui qualsiasi parte della nave o qualsiasi materiale prefabbricato viene collacato nel bacino;
termina	alla data stabilita nel suddetto contratto per la consegna della nave.

Se poi, a costruzione ultimata, il periodo effettivo risultasse inferiore al periodo previsto dalla polizza, i tassi di premio saranno riaggiustati adeguandoli a quelli previsti dalla Tariffa in vigore al momento della stipulazione della polizza per il periodo effettivo della costruzione. (Nel caso non fosse previsto dalla Tariffa il tasso per detto periodo, esso sarà calcolato aggiungendo al tasso previsto dalla Tariffa per il periodo immediatamente inferiore tanti premi addizionali di prolungamento mensile quanti sono i mesi o le frazioni di mese in più).

Il valore di .... dichirato nella presente polizza corrisponde al prezzo definitivo della nave in conformità al contratto di costruzione (aumentato dei contributi governativi).

Poichè tale prezzo è usualmente per lo stesso contratto di costruzione soggetto a revisione, si conviene che il valore assicurato in via definitiva con la presente polizza sarà quello corrispondente al prezzo che verrà determinato in seguito a detta revisione (sempre aumentato dei contributi governativi).

Conseguentemente, qualora il valore definitivo assicurato con la presente polizza secondo quanto sopra stabilito:

a) dovesse eccedere il valore di .... qui dichiarato, la Ditta assicurata si impegna a comunicare agli Assicuratori l'importo dell'eccedenza ed a pagare il relativo premio in base al pieno tasso di polizza e gli Assicuratori si impegnano di accettare ognuno la propria quota parte di rischio su tale eccedenza;

b) risultasse invece minore del valore di .... qui dichiarato, gli Assicuratori si impegnano a rimborsare il premio al pieno tasso di polizza per la minor somma e la quota di ognuno degli Assicuratori verrà proporzionalmente ridotta.

Il materiale prefabbricato viene assicurato con la decorrenza e con l'applicazione del tasso di prefabbricazione così come indicato al successivo Art. 15.

Art. 3. — Il tasso di premio pattuito sulla base del valore di .... di cui alla presente polizza sarà riaggiustato qualora, sia per le modifiche ai piani di costruzione, sia per il cambiamento del valore finale accertato come da articolo che precede, la nave venisse ad essere annovereta in una diversa categoria della Tariffa vigente all'epoca della stipulazione della presente polizza.

Il maggior premio dovuto agli Assicuratori od il rimborso di premio da questi dovuto alla Ditta assicurata sarà regolato in sede di conguaglio.

Art. 4. — Gli eventuali indennizzi per danni saranno pagati senza alcuna ritenuta proporzionale per determinazione del valore assicurato o per aggravamento di rischio in applicazione ai precedenti articoli 2 e 3.

Art 5. — Resta convenuto che, qualora la costruzione non potesse venire ultimata entro il termine previsto dalla polizza, l'assicurazione stessa, previo avviso da parte della Ditta assicurata, continuerà a valere senza interruzione — inclusi pertanto il varo o le operazioni di galleggiamento in bacino e uscita dallo stesso, l'allestimento e le prove — sino alla data della definitiva consegna, intendendosi la proroga sin d'ora pattuita ed impegnandosi la Ditta assicurata a corrispondere agli Assicuratori i premi addizionali di prolungamento indicati nelle «Condizioni Particolari».

Prolungamenti per brevi periodi oltre la scadenza:

fino a 5 giorni	nessun premio addizionale
oltre 5 giorni e fino a 15 giorni	la metà del premio addiz. mensile
più di 15 giorni	l'intero premio addiz. mensile

In nessun caso però la proroga potrà essere consentita per un periodo superiore a trenta giorni dal completamento delle prove fatte dai costruttori.

Art. 6 — A tutti gli effetti della presente polizza si convengono le seguenti definizioni:

A) *Apparato motore principale* comprende i motori principali, le caldaie ed i relativi accessori principalmente connessi con la propulsione della nave.

Agli effetti della tassazione l'apparato refrigerante rientra sotto questa voce.

B) *Macchinario ausiliario* comprende tutto il rimanente macchinario, generatori, gli impianti refrigeranti per uso domestico, il materiale isolante, il macchinario di coperta, verricelli, bighi, stabilizzatori ecc. purchè tutto quanto precede venga fornito da Sub-contraenti. Il materiale d'armamento fornito dal Committente viene incluso sotto questa voce.

In tutti i casi, il costo della messa in opera deve venir conglobato nel valore dell'attrezzatura e tassato analogamente.

Art. 7. — L'assicurazione del macchinario ausiliario ha inizio solamente con l'arrivo di detto macchinario nel porto o luogo di costruzione.

Art. 8. — In parziale deroga al disposto della clausola 3 delle Institute Clauses for Builders' Risks, si conviene che l'assicurazione si estende pure ai materiali destinati alla costruzione, allestimento o dotazione dell'oggetto assicurato, ai disegni e modelli, nonchè alle parti date a costruire ad altri stabilimenti e delle quali sia fatta preventiva denuncia agli Assicuratori, ai quali dovrà pure indicarsi il valore delle parti medesime, dall'inizio della loro costruzione sino alla consegna alla Committente.

I rischi di trasporto, sia via terra che via mare o via aerea, dell'apparato motore principale e di qualsiasi altro materiale o parte destinati alla costruzione dallo stabilimento di un eventuale Sub-contraente o da altro stabilimento dello stesso costruttore fino al porto o luogo di costruzione, saranno tenuti coperti soltanto verso pagamento di un premio addizionale da stabilirsi.

Art. 9. — In relazione alla clausola 1 delle Institute Clauses for Builders' Risks si chiarisce che la garanzia prestata dagli Assicuratori copre i danni e le perdite agli oggetti assicurati dovuti a dolo e/o frode delle maestranze addette alla costruzione.

Si precisa, inoltre, che sono coperti anche i danni e le perdite agli oggetti assicurati dovuti a negligenza e/o imperizia e/o colpa delle dette maestranze, purchè tale negligenza e/o imperizia e/o colpa abbia carattere accidentale e quindi non ricorrente.

Si precisa altresi che la garanzia si intende prestata dagli Assicuratori per perdite o danni agli ogetti assicurati dovuti a negligenza e/o imperizia e/o colpa e/o dolo e/o frode del Capitano, marinai, macchinisti, piloti, nonchè del personale di macchina o del personale specializzato adibito alle prove.

Art. 10. — Sono inclusi nell'assicurazione anche i danni prodotti agli oggetti assicurati da fulmini o da mareggiate.

Art. 11. — L'Assicurata è autorizzata ad usare, sia a terra che a bordo, fucine od altri fuochi, generatori di acetilene, serbatoi di ossigeno, aria compressa ed altri gas, apparecchi a fiamma ossidrica od ossiacetilenica, impianti elettrici e qualsiasi altro sistema di illuminazione, nonchè impianti per la saldatura autogena ed elettrica.

Art. 12. — Sono esclusi dalla presente assicurazione i macchinari, congegni, strutture ed attrezzi di proprietà della Ditta assicurata o dei Cantieri allestitori ed in genere quanto altro abbia carattere di impianti o di dotazione necessari all'esercizio delle relative industrie.

Art. 13. — Gli Assicuratori sono altresì esonerati da ogni e qualsiasi responsabilità per danni o perdite che potessero verificarsi dopo la consegna dell'oggetto assicurato, quand'anche tali danni o perdite coinvolgessero la garanzia della Ditta assicurata.

Art. 14. — Le spese del contratto di assicurazione, le imposte e tasse relative tanto ai premi, quanto alle indennità per danni, saranno a carico della Ditta assicurata.

Materiale prefabbricato

Art. 15. — Le parti della nave prefabbricate sono assicurate dalla data in cui ha inizio la prefabbricazione: la Ditta assicurata è tenuta al pagamento di 0.025 ‰ per ogni mese, sul valore massimo del materiale prefabbricato che verrà in rischio in ciascun mese e di tale valore la Ditta assicurata dovrà dare indicazione preventiva agli Assicuratori all'inizio di ogni mese.

L'applicazione di tale premio di prefabbricazione cesserà dal momento in cui avrà inizio l'assicurazione sull'intero valore finale della nave conforme all'Art. 2 dei Patti Speciali Aggiunti.

Kolibri 360 GmbH
Ferdinand-Jühlke-Straße 7
99095 Erfurt, Deutschland
produktsicherheit@kolibri360.de